세월은 반음씩 내려간다

현 대 수 필 가 1 0 0 인 선 II · 48

세월은 반음씩 내려간다

김윤재 수필선

수필과비평사·좋은수필사

■책머리에

수필은 누구나 부담 없이 읽고, 마음만 먹으면 직접 쓸 수도 있는 가장 친근한 문학이다. 다른 영역의 문학이 영상매체에 밀려 신음하고 있는 중에도 수필 인구만은 날로 증가하여 바야흐로 수필 전성시대를 구가하고 있는 이유도 거기에 있을 것이다.

시대적 추세에 힘입어 수많은 수필전문지, 수필동인지가 창간되고, 이에 비례하여 신진 수필가도 날로 늘어나다 보니 이제는 그 많은 작가, 그 많은 작품 중에서 문학성 높은 작품을 가려 읽는 일이 쉽지 않게 되었다. 이런 현상은 작가에게나 독자에게나 결코 바람직한 일이 아니다. 더 나아가서는 수필을 연구하는 후세들에게도 큰 부담이 될 것이다.

이런 문제를 해결하는 데는 출판인도 마땅히 한몫을 감당해야 한다는 평소의 소신에 따라, 본사가 기꺼이 그 역할을 맡기로 했다. 그 첫 번째 사업으로 시대를 대표할 만한 수필가 100인을 선정하고, 작가가 자선한 40편 내외의 작품을 수록한 문고본을 발간하여 이를 널리 보급함으로써 그 소임을 다하고자 한다.

본사는 사명감을 가지고 이 사업을 추진해 나가기로 했다. 작가 선정을 전담할 편집위원회를 구성하고 전권을 위임하여 일체의 사적인 정실이나 청탁을 배제함으로써 전문성과 공정성을 확보해 나갈 것이다.

따라서 이 기획물 속에는 작가의 문학정신뿐만 아니라, 본사의 문학사적 기여 의지와 편집위원 제위의 수필문학에 대한 애정과 문인으로서의 양심이 함께 담겨 있음을 자부한다. 다만, 작가를 선정하는 기준에는 많은 견해의 차이가 있을 수 있고, 선정 과정에서도 미처 챙기지 못한 부분이 있을 것이라는 사실만은 인정하지 않을 수 없다. 이 점에 대해서는 관계자 여러분의 양해 있으시기 바란다.

이 시리즈의 발간 순서는 작가, 또는 본사의 사정에 의한 것일 뿐 그 밖의 어떤 기준도 적용하지 않았음을 밝힌다.

본 기획물이 시대를 초월한 많은 수필 애호가들의 관심과 애정 속에 우리나라 수필문학 발전에 한 이정표가 되기를 바랄 뿐이다.

본사에서는 이상과 같은 취지로 ≪현대수필가 100인선≫ 전 100권을 완간하여 큰 반향을 불러일으킨 바 있다.

그러나 우리 수필문단의 규모나 수필문학의 수준에 비추어 선정 작가를 100인으로 한정하는 것은 형평성이나 효율성 면에서 크게 부족하다는 의견이 많았고, 본사 또한 이를 통감하던 터라 기꺼이 ≪현대수필가 100인선Ⅱ≫를 발간하기로 했다.

본사의 충정에 찬동하여 출판에 응해주신 저자 여러분에게 진심으로 감사한다.

2014년 9월 일

수필과비평사 · 좋은수필사 발행인 서 정 환

현대수필가 100인선 간행 편집위원 박 재 식 최 병 호

정 진 권 강 호 형

오 세 윤

1_부

2_부

3_부

4_부

1부

있다 그런 게

눈물이 갓 구운 파이처럼 뜨거울 수 있다는 게. 구슬처럼 동글고 크다는 게. 하염없이 흘러 털스웨터를 흥건히 적실 수도 있다는 게.

1980년 11월 2일 나는 결혼식을 올렸다. 당시 나라 안은 계엄령이 내려 어수선했고, 정보요원이었던 남편은 신혼여행 후 회사로 복귀했다. 한 달간 시댁에서 살기로 했다. 초겨울의 시골은 갈무리해야 할 일이 많았다. 시어머님은 당신보다 몸집이 조금 더 있는 며느리에게 자비를 베풀지 않았다. 시동생 도시락 챙기는 일부터 늦은 밤까지 커피 한 잔 마실 여유가 없었다. 메주 쑤고 고추장 담고 때 맞춰 동치미, 총각김치, 배추김치를 담갔다. 어머님은 재료만 준비해 놓고 어디론가 가셨다 일을 마치고 나면 돌아오셨다. 며느리를 믿으셨는지 시험을 하시는지 알 수 없었지만 처음 해보는 일과 무관심한 시어머님이 무서웠다. 몸과 마음이 추웠다. 같은 추위라도 새댁은 추위를 더 많이 탄다. 지척에 있는 친정 쪽만 바라봐도 눈물이 났다. 이웃에 사시는 시작은어머님이 도와주지 않았으면 나는 모든 걸 내려놓았을지도 모른다.

햇살 좋은 날 어머님은 마늘을 심어야 하니 통마늘을 쪼개 놓으라고 하셨다. 어떻게 하는지 일러주지도 않고 나가셨다. 바람을 피해 바깥마당 담장 아래서 일을 시작했다. 마늘은 잘 쪼개지지 않았다. 내 손을 거쳐야 할 마늘은 좀처럼 줄어들지 않고 햇살은 자꾸만 떠나가고 있었다. 고개를 들면 눈물이 쏟아질것 같아 고개를 아래로 떨어트렸다. 그때 자전거 바퀴가 눈앞에서 급하게 멈췄다. 눈에 익은 삼천리표 자전거. 나는 올려다보지 못했다. 딸이라면 자다가도 일어날 만큼 지원군이셨던 아버지. 여자는 손이 고와야 한다며 빨래도 못하게 하셨던 아버지.

당황스러워하는 내가 거친 숨을 고를 시간도 없이 자전거는 급히 세워졌고 아버지는 내가 끼고 있는 장갑을 거칠게 벗기셨다. 아버지는 쪼그리고 앉아 마늘을 쪼갰다. 바쉬버렸다. 나는 아무 말도 못하고 물러 앉아 아버지 정수리만 바라보았다. 흰 머리칼이 초겨울 햇살에 반짝거렸다. 아버지와 나의 거리는 삼십 센티미터도 나지 않는데 침묵은 수

천 킬로그램이었다. 일을 마친 아버지는 사돈이 오기 전 가야 한다며 일어섰다. 자전거 짐칸에 실려 있는 미역과 소고기를 내게 건네주며,

"조금만 참고… 생일날 미역국 꼭 끓여 먹어." 퉁명스럽게 말씀하셨다. 내 생일이 다가오고 있었다. 대꾸도 못하는 나를 두고 아버지는 자전거를 끌고 돌아섰다. 나는 얼른 자전거 짐칸을 붙잡고 따라나섰다. 자전거가 멈추면 나도 서고 출발하면 나도 걸었다. 몇 번이고 내 손을 떼어 내는 손이 타라는 시늉만 하면 나는 곧바로 짐칸에 올라탈 준비를 하고 있었지만 아버지는 끝내 신호를 보내지 않았다.

동구 밖이 가까워 오자 아버지의 손사래는 빨라졌다. 누가 볼세라 죄인처럼 고개도 들지 못하고 바삐 걸었다. 짐칸을 움켜잡았던 손이 힘없이 풀어졌다. 순간 영영 아버지를 볼 수 없을 것 같아 달려가고 싶었지만 나는 뉘 집 며느리였다. 쿵쾅거리는 가슴에 두 손을 대고 사라져 가는 아버지를 바라보았다. 몇 걸음 걸어가던 아버지는 손등으로 얼굴을 훔쳤고 자전거는 심하게 흔들렸다. 심장이 요동을 쳤다. 뜨거운 소나기가 쏟아졌다. 아버지의 자전거는 한참을 흔들렸고 소나기는 멈추지 않았다.

그 뒷모습을 붙잡고 살아간다. 삶이 엉키고 삶이 슬퍼도 그 모습을 떠올리며 나는 견딘다. 삶이 기쁘고 감사해도 그 모습을 잊지 않으려 떠올린다. 그 모습은 어떤 백과사전보

다 어떤 설교보다 내게 설득력이 있다. 내가 길을 잃지 않도록 인도하는 기도다.

유화 한 점

꼭 그 모습이다.

사십 년 전. 그때처럼 집안으로 선뜻 들어서지 못하고 망설이신다. 대문을 밀고 들어서면 어린 시절 당신이 뛰어놀던 앞마당이 나오고, 외할아버지의 기침 소리가 배어있는 사랑채가 있는데, 대문 앞에서 지루하게 서성거릴 뿐이다.

나는 차안에서 마른침을 삼켰다.

"어서 들어가요, 엄마. 괜찮아요, 어서."

그러나 어머니는 옛날처럼 끝내 안으로 들어서지 못하고 느티나무 아래로 천천히 걸어가셨다. 작고 마른 그림자가 주인을 따라나섰다. 동네 어귀에 서서 지나가는 사람들을 하릴없이 바라보는 무심하고도 나른한 노인의 모습이다.

느티나무는 여전히 그 자리에 서 있다. 땅위로 드러난 뿌리는 각질이 벗겨졌고 몸통엔 군데군데 옹이가 박였다. 한쪽으로 기운 가지엔 벌레 먹은 나뭇잎이 매달려 있다. 세월은 사람만 곰삭이는 것이 아니다. 고통과 기쁨으로 덧칠된 어머니의 유화 같은 삶처럼 나무도 세월에 부대껴 기형이 되었다. 나이가 든 것은 서로 닮는다.

사십 줄의 어머니는 강인했다. 대부분의 어머니들이 그랬던 것처럼 가족을 위해 숨이 가빴다. 아버지 대신 하숙생을 들여 가정을 꾸려 가셨다. 과수원을 장만하기까지 아버지는 실패를 거듭했다. 늦은 밤 외투 가득 추위를 담아오는 가장을 위해 어머니는 해장국을 끓이며 형형색색 물감을 풀어냈다. 아버지가 진 빚을 갚기 위해 금쪽 같은 암소를 팔아야 했고 툭하면 처가에 도움을 청하는 남편의 자존심이 상하지 않도록 조심하셨다.

그 당시 부모님은 고향 공주를 떠나 연기군에 정착하며 심한 어려움에 처했다. 부푼 꿈을 갖고 이주를 했지만 고향에서 정리한 농지의 값은 새로운 농지를 구입하는 데 턱없이 부족했다. 부부가 여러 가지 방법을 모색하다 내린 결론은 처가의 도움을 받는 일이었다.

어머니는 집을 나섰다. 한 시간 버스를 타고, 버스에서 내려 산길을 걸었다. 어머니의 걸음은 무거웠다. 온갖 해찰을 다하는 내 걸음보다 느렸다. 걷는 것이 아니라 길이 움직이는 것 같았다. 찔레순과 삘기를 뽑아 내게 주었고, 길에 나뒹구는 돌멩이를 고무신 코로 툭툭 차기도 했다. 그러다가 산그늘에 앉아 동생에게 젖을 물렸다.

나는 신이 났다. 찔레순을 먹으며 망아지처럼 흙길을 뛰어다녔다. 엄마가 만들어준 '간땅꼬'를 입고 나선 나들이길, 엄마와 함께 찔레꽃에 파묻힌 어린 딸. 산그늘에 앉아 하늘을 올려다보는 엄마, 그 곁에 보퉁이 하나. 이 모습은 어린 내 가슴에 한 폭의 그림으로 그려졌다.

세월은 나를 여자의 한숨소리를 이해할 나이로 옮겨다 놓았다. 어느 날 뜬금없이 잔금 없는 통장을 보며 그때 어머니가 지었던 한숨소리를 기억해 냈고, 내 생애 가장 아름다웠던 그림이 실은 삶에 지친 이 땅의 아낙이 그려낸 슬픈 그림이었던 것을 알게 됐다.

왜 삘기를 뽑으며 시간을 끌었는지, 외가에 당도해 안으로 들어서지 못하고 느티나무 아래로 걸어갔었는지, 돌지 않은 빈 젖을 동생에게 물리고 하늘을 바라보았는지….

딸에게 있어 어머니는 그리움이다. 장독에서 꺼내 주는 홍시의 달콤한 맛이고, 젖비린내이고, 햅쌀밥에서 나는 쫀득함이다.

"내 새끼 왔구나. 아침부터 까치가 울더니만." 어머니의 울음 섞인 목소리다. 밤새 마주 앉아 웃는 모습을 보여줘도 어머니는 딸의 내면을 다 읽어낸다. 딸의 입꼬리만 봐도 무슨 말을 하려는지 안다. 다 드러내지 않아도 그 속이 까만

지 하얀지 뜨거운지 차가운지 느낀다. 자신이 걸어온 길을 딸이 걸어야 한다는 것을 어미는 알고 있는 까닭이다. 그래서 딸은 어머니의 실핏줄 속에 뿌리내리고 가슴에서 자라는 애물단지다. 어머니는 그런 어머니 앞에 나설 용기가 나지 않았던 것이다. 자신의 까만 속을, 쩍쩍 갈라진 손등을 차마 보일 수 없었던 것이다. 떳떳한 친정 나들이를 하고 싶었을 것이다. 양 손에 푸짐한 선물이 들려졌더라면 몸보다 마음이 먼저 도착했을 친정. 그러나 궁색한 모습이었다.

내가 외할머니를 부르고, 할머니가 뛰어나올 때까지 느티나무 아래 서성이던 어머니. 외할머니 손에 이끌려 소박맞은 여인처럼 안으로 들어가던 유화 한 점.

그때 어머니께서 필요한 만큼 외가의 도움을 받으셨는지 알 수 없지만 달구지에 쌀가마를 싣는 동안 할머니와 어머니는 한마디의 말씀도 나누지 않았다. 두 분 사이에선 산허리에 부는 솔바람 소리가 이는 것 같았다. 달구지가 외가 마당을 지나 산길을 빠져나올 때까지 어머니는 동생에게 젖을 물리고 있었다.

나는 살아오면서 수많은 그림을 보았다. 슬프고 정겹고 아름다운 그림을 찾아 인사동 거리를 헤매고 다녔지만 느티나무 아래서 서성이던 한 여인을 그린 그림보다 깊은 울림을 준 그림을 만나지 못했다. 덜커덩거리는 달구지에 앉아 아이에게 젖을 물리던 등 시린 모습을 보지 못했다.

팔십이 넘은 어머니는 고향엘 다녀오고 싶어 하셨다. 지금은 아무 연고도 없는 그곳을 왜 다녀오고 싶어 하는지 알 수 없었지만 동행을 한 것이다.

사십여 년 전, 모녀가 걸었던 그 길을 차로 씽하니 달려와 다시 그 집 앞에 섰지만 사십여 년 전 그림의 장면이 눈앞에서 똑같이 재현된 것이다.

친정으로의 여행은 가부장적인 사회로부터 모계사회로 돌아가는 세월여행이다. 현실 속에 존재하지 않거나 혹은 잃어 버렸던 옛 기억을 떠올리는 시간, 어머니는 그곳에서 무엇을 찾고 싶어 하셨던 것일까. 삶의 무게보다도 아버지의 자존심을 세워드리기 위해 참았던 세월의 덧없음이었을까. 채마밭 입구에 남아 있는 샘물의 산문 같은 정겨움을 느끼기 위함이었을까. 한데도 끝내 들어서기를 망설이셨던 연유는 무엇이었을까.

한데 그림에서 빠진 것이 있었다. 어머니의 어깨너머로 야트막한 산 하나가 배경되어 있었다.

나는 황금빛 물감으로 산 하나를 그려 넣었다.

그 돌아갈 수 없는

살아가는 일은 이따금 향수를 먹는 것이다.

끝이 보이지 않는 길에 서 있는 향수. 더더욱 현실일 수 없는 향수. 어린 날을 생각하면 벌레 먹은 복숭아가 떠오르고 복숭아가 떠오르면 아버지가 떠오르고 그 뒤에 그림자처럼 사관생도가 따라붙는다. 그 향수를 먹고 나면 지끈거리던 두통이 사라져 몇 달 멀쩡하게 살아간다.

어쩌면 향수는 나를 거짓말쟁이로 만들지 모른다. 과수원엔 행정중심 복합도시가 들어서고 바라보는 것만으로도 눈부셨던 사관생도는 대령으로 예편한 지 오래전이다. 헛배 불렀던 아이들은 동문체육대회에 참석해 두둑한 찬조금을 내밀고, 그의 어머니들은 대부분 고인이 되었다. 그래서 향수는 함부로 말하지 말아야 한다. 나무꾼과 선녀가 함께 살았었다는 전설 같은 이야기는 기억 속에 꼭꼭 묻어두어야 하는 것을.

나는 여름 태양이 짙어지면 그 속에 숨겨진 비밀을 꺼내 자일리톨 껌처럼 질겅거린다. 내 어린 날의 여름과, 태양 속에서 벙어리소녀 눈빛처럼 부드럽게 익어가는 복숭아 속살과, 이제 전설이 되어버린 발가벗은 아이들을.

어린 시절 복숭아 따는 날 과수원은 떠들썩했다. 아주머니들은 복숭아를 따고 아이들은 원두막에서 게임을 하거나 식물채집을 하며 여름방학을 보냈다. 수확한 복숭아를 선별하여 나무상자에 담고 그 상자를 실은 리어카가 읍내로 떠나고 나면 아이들 세상이 됐다. 파지 복숭아 앞에 앉은 아이들의 시간은 멈춰있는 듯했고, 복숭아 한 양동이를 눈 깜짝할 사이 먹어치운 배는 금방 솟아올랐다. 위 확장에 걸려 봉긋해진 배 위로 밀려난 난닝구는 복숭아물이 들어 누런했고, 검고 가는 목덜미에서는 땟물이 흘러내렸다. 하지만 눈매가 매서운 동식 오빠는 우리들과 달리 먹을 것을 탐하지 않았고 차림새도 깔끔했다. 그런 그에게 어른들은 각별했다. 파지 중에서도 좀 나은 것을 그 앞에 밀어 주며 동식이는 공부를 잘하니 훌륭한 사람이 될 것이라고 말했다.

어른들은 아이들의 미래에 대해 알고 있는 듯했다. 태양을 받으며 익어가는 여름과일처럼 아이들 뱃속에서도 예측

할 수 없는 희망이 싹트고 있다는 것을. 그 싹을 누런 난닝구가 가리고 있지만 튼실하게 자라고 있다는 것을.

여름의 아이들은 이따금 복숭아 실은 리어카를 밀며 읍내에 따라가곤 했다. 읍내는 아이들이 가기엔 멀고 두려운 곳이었다. 왕성극장이 있고, 청자목욕탕이 있고, 택시와 버스가 있었다. 특히 철길과 기차를 보는 일은 신바람 나는 일이었다. 우리와 다른 사람을 싣고 달려가는 기차를 보며 먼 미지의 세계를 동경했고, 장터의 소란함과 보석상의 위엄 넘치는 거리에서 돈의 위력과 가난이 공존하는 것을 배우며 커 가고 있었다. 우리들은.

길에서 벗어나야 길이 있다는 것을 알게 되듯 세상을 얼마간 살아보니 아무것도 몰랐던 그 시절이 얼마나 순수하고 아름다웠던지 알 것 같다. 비록 배부르지 않았고 좋은 옷 입지 못했지만 그때는 사람을 속일 줄도 이용할 줄도 몰랐다.

어른이 되어 기찻길에서 오지 않는 사람을 기다리며 상처를 입기도 하고, 누군가에게 상처를 주기도 하며 우리는 세상 물(?)이 들기 시작했고, 돈만 주면 누구나 탈 수 있는 기차엔 소매치기도 술주정꾼도 범죄자도 탈 수 있다는 사실 앞에서 절망도 했다.

요즘 한창 익어 가는 미백도 속살은 소녀의 눈빛처럼 부드럽다. 비로드 같은 겉옷을 훌훌 벗겨 한 입 베어 물면 입안 가득 고이는 부드럽고 담백한 즙을 나는 차마 삼키지 못한다. 손안에 든 너무 소중한, 잘못 잡으면 깨질 것 같은 조심스러운, 그 알 수 없는 예감에 저절로 눈 감기는 그 순간이 나는 좋다. 그것은 어떤 직감 같은 것이다. 어느 시인의 고백처럼 가을 햇살에 끌려 동해로 떠나던 날 한계령 바람에 첫 눈의 예감이 묻어 있는 것을 느꼈을 때와 같은. 그 순간을 뱃사내는 갑판에 서서 불어오는 남풍을 맞으며 느낄 것이고, 연어는 남대천 물길을 뛰어올라 모천에 알을 부화하며 경험할 것이다. 낙타는 십 리 밖 물 냄새를 맡으며 그 조심스런 예감에 승부를 건다고 했다던가.

그 수수께끼 같은 보약과 통일벼를 먹으며 자란 아이들은 전자회사에 취직을 하고, 여공이 되고, 교사가 되고 회사원이 되었다. 동식 오빠 역시 어른들 기대를 저버리지 않고 사관학교에 합격을 했다. 방학이 되어 생도복을 입고 마을에 나타나면 동네 언니들은 향나무 아래 모여 그의 이야기로 꽃을 피웠다. 그에 대한 관심만큼 키가 작다느니 눈매가 무섭다느니 도도하다느니 흉을 보며 웃던 언니들의 볼은 잘 익은 복숭아처럼 붉었다. 나도 그 이야기 속에 끼어들고 싶었지만 내 세월은 더디기만 했다.

종일 과수원에서 일을 마치고 돌아오는 리어카엔 파지 복숭아가 가득했고, 그것은 이웃과 정을 나누는 통로 역할을 했다. 나는 사관생도가 된 그 집에 파지 복숭아를 가져

다주는 일이 죽을 만큼 싫었다. 정작 그는 내가 건네는 파지 복숭아에 대해 또한 나에 대해 아무 관심도 없었지만 그에게 좋은 것을 주고 싶었다.

선별된 복숭아상자엔 번호가 매겨진다. '특'이라고 쓴 것은 그날 수확한 것 중에서 제일 좋은 상품으로 저급 상품에 비해 곱절의 가격을 받는다. '특' 상품이 많은 날 매상을 하고 돌아온 아버지는 기분 좋게 취해 계셨다. 그런 날이면 식구들까지 둥둥 떠 있는 것 같았고 나도 덩달아 알 수 없는 웃음이 나왔다.

어느 날, '특'자가 붙은 미백도 일곱 상자가 눈에 띄었다. 아이보리색에 붉은빛이 감도는 복숭아는 참으로 먹음직스러웠다. 몇 개 없어진들 아버지가 눈치 채지 못하실 것 같았다. 아버지 몰래 한 상자에서 서너 개의 복숭아를 빼내 뒤곁 울타리 아래 숨겨두었다. 저녁나절 파지 복숭아 속에 숨겨 그의 집으로 향했다. 가슴을 쑥 내밀고 우아하게 걸었다.

사단은 이튿날 아침에 일어났다. 상인과 값을 흥정하다 복숭아가 부족한 것을 확인한 아버지는 이성을 잃으신 듯했다. 집안 식구들을 차례로 불러가며 복숭아의 행방을 물었지만 아는 이가 없었다. 설마 막내딸의 짓이라곤 생각지 않으신 아버지는 내 이름을 부르지 않았지만 나는 떨고 있었다. 고함 때문이었다. 아버지의 역정보다 그가 우리 집을 향해 귀 기울이고 있을 것을 생각하니 끔찍스러웠다.

이제 내게는 누군가를 위해 복숭아를 훔쳐낼 만한 열정도 남아있지 않고, 아버지는 역정을 내지 않아도 되는 곳에 계시다.

꽃샘추위가 아무리 심해도 복사꽃은 폈고, 태풍이 순식간에 잘 익은 과일을 휩쓸어 가도 이듬해 열매는 또다시 붉어지는데, 지나간 시간은 영원히 돌아오지 않는다. 이 평범한 진리가 나를 돌아갈 수 없는 시간 속에 서 있게 한다. 신음조차 들리지 않는 향수를 먹게 한다.

장 씨

종로 탑골공원. 벤치 아래 지렁이 한 마리가 누워 있다. 언제부터 그런 상태로 있었는지 기진맥진한다.

온몸을 이리저리 뒤틀지만 제자리를 맴돌 뿐. 칠월의 태양은 지렁이 피부에 있는 수분을 증발시킨다. 한참을 꿈틀거리자 도깨비바늘 털옷에 달라붙듯 지렁이 몸에 흙먼지가 달라붙는다.

이 어려운 상황을 벗어나려면 비가 내리든지 누군가 습기가 있는 곳으로 옮겨줘야 한다.

비는 올 것 같지 않고 나 또한 지렁이를 다른 곳으로 보내 줄 용기가 없어 자리를 조금 바꿔 앉았다. 그래도 꿈틀거리는 시선이 느껴진다.

태양은 조금 전보다 더욱 강한 열을 뿜어내고, 지렁이의 움직임은 조금씩 느려진다.

마시던 캔 커피 한 방울을 지렁이에게 떨어뜨렸다. 심장 박동이 빨라지는지 꼬리를 동그랗게 말며 꿈틀거린다. 다시 한 방울을 떨어뜨렸다. 머리를 반쯤 들어올려 보지만 앞으로 나가지 못한다. 이런 상태라면 지렁이는 갈 길을 가지 못하고 생명이 끝나버릴 것이다.

태양은 여전히 공원에 떠 있고, 노인들은 부채질을 하고, 매미는 더욱 큰 소리로 짝을 부르고.

비둘기 서너 마리 잔털을 날리며 푸드득거린다.

공원 앞 빌딩은 햇살에 반사되어 더욱 눈부시고 사람들은 바삐 빌딩 안으로 사라진다.

대형 텔레비전은 쇠고기 수입반대 시위 현장을 연신 보여주며, 오늘밤에도 광화문에 수만 명이 집결할 것이라고 한다.

"습기가 있는 곳에서 살아야 하는 환형동물이 어쩌자고 흙 한 줌 없는 이곳으로 왔을까. 길을 잘못 들은 게야."

중얼거리며 나뭇잎을 뜯어 지렁이 위에 올려놓고 운동을 하기 위해 자리에서 일어섰다. 그러나 공원을 몇 바퀴 도는 동안 나는 그 모습에서 벗어나지 못했다. 속으로 노래를 부르고, 숫자를 세어도 눈은 지렁이에게 갔다.

그 위로 피 젖을 먹고 자라 군에 간 아들 얼굴이 떠올랐다. 아들이 태어나고 사흘이 되어도 젖이 돌지 않아 새 생명은 울부짖었다. 나오지 않은 빈 젖을 물고 어찌나 힘차게 빨아 대던지 살이 갈라져 피가 나왔다. 온몸이 찢어지는 통증을 견디지 못해 젖을 빼면 자지러지게 울었다.

살아야 한다는 인간 본능이었을까. 새 생명은 2주 동안 어미의 젖꼭지에 생채기를 내고 피 젖을 먹으며 살았다.

어쩌면 지렁이도 지금쯤 살기 위해 마지막 몸부림을 치고 있지는 않을까.

하던 운동을 멈추고 나무젓가락과 물 한 병을 사 들고 급히 지렁이가 있는 곳으로 갔다. 풀잎을 걷어 올리자 조금 전보다 더 말라 버린 물체가 꿈지락거렸다.

서울살이 오 년차 장 씨는 오늘도 인력 시장에 앉아 있다. 손바닥에 잡힌 굳은살을 뜯어내며 부도로 인해 감당해야 할 부채와 아내의 잔소리를 생각한다.

가지치기

아버지의 과거는 연분홍빛이다.

과수원 밭둑에 앉아 있으면 성큼 봄이 오는 것 같다. 종달새가 울고, 새참을 내오는 젊은 아내가 보이고, 그 뒤를 촐랑대며 따라오는 어린 딸의 모습이 보인다. 당장이라도 바지를 걷어붙이고 밭으로 달려가 일하고 싶지만 늙고 병든 몸은 말을 듣지 않는다. 젊을 땐 아프고 싶어도 아프지 않던 육신이다. 아니 아플 새 없이 일해도 시간은 늘 부족했다. 해도 해도 끝이 없었던 농사일. 그 힘겹던 일이 미치도록 하고 싶은 것이다.

젊은 아버지는 구정이 지나고 나면 복숭아나무에 사다리를 놓고 그 위에 올라가 전지를 했다. 싹둑싹둑. 붉게 물오른 새순이 발밑에 수북이 쌓였다. 아버지는 벌써부터 탐스린 복숭아가 주렁주렁 달릴 것을 생각하며 함박웃음을 지었다. 아버지의 발밑에서 나뭇가지를 주워들고 따라다니던 어린 딸은 죽은 나무는 자르지 않고 살아 있는 여린 가지만 잘라내는 아버지에게 물었다.

"아부지? 저 나무는 죽었는디 왜 자르지 않아?"

어린 딸은 꽃눈 보는 눈이 없었기에 묵은 나무가 죽은 줄 알았다.

"응, 그것은 죽은 게 아녀. 겨울 동안 쉬는 겨 이렇게 양분을 빨아먹는 가지를 잘라줘야 묵은 나무가 잘 먹고 잘 자라서 빛깔이 곱고 맛있는 복숭아를 만드는 겨."

어린 딸은 아버지가 들려준 이야기를 이해하는 데 50년 세월이 걸렸다. 대지에 뿌리를 내리고 사는 농부의 철학이 오롯이 담겨 있었던 것을….

복숭아나무는 아버지의 일부였다. 가지치기를 시작으로 두엄 주고, 꽃을 선별하고, 열매를 솎아내려면 마음부터 아팠다. 모두 다 혹독한 추위를 이겨내고 꽃을 피우고 열매가 되는데 더 나은 상품을 만들기 위해 일부 따 버리는 일은 자신의 상처를 도려내는 아픔이었다. 열매 솎는 일은 며칠씩 계속된다. 종일 고개를 뒤로 젖히고 열매를 솎다 보면 고개는 앞으로 젖혀지지 않고, 온몸은 복숭아 깔로 인해 벌겋게 부어올랐다. 밤새 부어오른 피부를 긁느라고 잠을 설쳐도 새벽이 되면 또다시 밭으로 나가셨다.

솎아 내는 작업이 끝나면 열매에 봉지 씌우고, 오갈병 든 잎 떼어내고, 소독하고, 풀 깎아내고. 수확기가 되면 4-5킬로그램의 몸무게가 빠졌지만 한 번도 그 일이 힘들다 말씀하지 않으셨다. 농사는 처자식을 건사해주는 경제의 창고였고, 자신의 삶의 놀이마당이라 여기셨던 것이다.

그때 어린 꼬마는 사람이 늙는다는 사실을 몰랐다. 봄이 오면 복숭아꽃이 피고, 아버지는 당연히 밭에서 일하는 줄 알았다. 그 모습이 아버지의 모습인 줄 알았고 영원할 줄 알았다.

이제 늙고 병든 아버지는 꿈을 꾼다고 하셨다. 꿈속에서 거름 내고 전지를 한다고 하셨다.

오늘도 아버지는 허공에 대고 전지를 하다 잠에서 깨었다. 가늘고 힘없는 손이 침대 위로 떨어졌다. 복숭아 상자를 번쩍번쩍 들어올렸던 팔이라고는 믿어지지 않는다. 하루에도 몇 번씩 리어카에 복숭아상자를 가득히 싣고 읍내에 다녀오셨던 모습은 간데없다.

아버지의 팔뚝에 꽂힌 링거주사를 빼고 물오른 복숭아나무 새순을 꽂아 드리고 싶다. 그러면 그의 몸에서 연분홍 꽃이 필까.

억지를 쓰는 딸의 마음을 읽기라도 하셨는지 "괜찮어. 사람은 누구나 다 한 번은 피었다가 지는 겨. 배운 자도 못 배운 자도, 가진 자도 못 가진 자도 다 지는 게 인생인 겨."

혼잣말처럼 중얼거리신다.

누구나 한 번은 피었다가 지는 삶. 그렇다면 아버지는 일생 무슨 꽃을 피우셨을까.

일 년 내 지은 복숭아가 하룻밤 몰아친 태풍으로 인해 수북이 떨어진 것을 바라보며 피운 한숨의 꽃, 농지 팔아 시작한 운수업이 오일 파동으로 남의 손에 넘겨질 때 피운 절망의 꽃, 이도저도 안 되는 세상 주막으로 노름판으로 끌려다니며 피운 자책의 꽃, 당신을 꼭 닮았다고 유난히 사랑했던 아들을 잃고 피운 통곡의 꽃.

그 힘겨운 꽃을 피울 때마다 그의 정맥에 새로운 힘을 공급해 준 것은 무엇이었을까. 구정이 지나고 나면 어김없이 물오르는 복숭아나무 새순이 아니었을까. 추위도 가시지 않은 벌판에서 전지를 하며 어쩌면 자신의 삶을 전지했을 아버지. 마음먹은 대로 살아지지 않은 인생살이를 잘라내고, 남들과 비교하며 채워지지 않는 욕심을 잘라냈으리라. 남양군도에서 젊디젊은 청춘을 사장시킨 억울함도, 그로 인해 평생 짊어졌던 무릎의 통증도 잘라냈을 아버지.

몇 년 전까지만 해도 아버지는 당신이 변해가고 있음을 인정하지 않고 힘들어 하셨는데 요즘엔 모든 것을 받아들이며 마음에 평화를 얻으셨다. 자녀들에게도 인생은 짧고 부질없는 것이니 욕심 부리지 말고 웃으며 살라는 당부도 하신다.

새순을 잘라내야 많은 열매를 맺고, 열매를 솎아내야 더 실한 과일이 되는 것처럼, 날마다 세상을 덜어내는 아버지의 얼굴빛은 복사꽃처럼 밝고 마음은 아이처럼 순전하시다.

방금 전 잠드신 모습이 참으로 평화로워 보인다.

지금은 꿈속에서 무엇을 잘라내고 계실까. 세상에 대한 그리움, 아내의 애틋한 보살핌, 주막집 아주머니와의 풋사랑을 잘라내시고 계실까. 어디선가 귀에 익은 전지 소리가 들리는 것 같다. 싹둑싹둑.

아버지는 지금 연분홍빛 몸살을 앓고 계신다.

완장

더위가 뒤통수를 달구던 날, 고향 읍내장터에 갔다. 신행정수도 계획으로 인해 황금 완장을 팔에 차고 씩씩하게 살고 있을 고향 사람들이 보고 싶어서였다.

장터는 예전 그대로다. 난전에선 아주머니들이 열무, 옥수수, 강낭콩을 팔고, 길목 상점엔 공산품과 건어물이 가득하다. 젊은 사내는 좌판에서 생선을 손질하고 새댁은 비닐봉투에 손질된 생선을 주워담는다. 고약, 무좀약, 지네가루를 파는 노인은 익숙한 솜씨로 약병을 흔들며 손님을 유혹하고, 반짝이 비누를 팔기 위해 양은 냄비를 닦는 아저씨의 목덜미엔 노동의 땀이 흘러내린다.

그럼에도 장터는 한산하다. 엿장수 가위질 소리에 흥을 맞추는 구경꾼도 없고, 잘 익은 수박을 두 통에 오천 원이라고 외쳐도 손님은 모여들지 않는다. 과일전도 소전도 더운 날씨 탓으로 돌리기엔 너무 메말라 있다. 깨진 과일이라도 한 입 먹어보라고 푸짐하게 건네던 인심도 엉덩짝 넙죽한 암소를 사기 위해 새벽밥 지어먹고 나왔음직한 농부도 보이지 않는다.

거나하게 취한 남정네가 선술집 여자에게 막무가내로 부리는 수작에 배를 잡고 웃던 구경꾼도 없고, 자신이 살아가는 길 뻔히 알면서도 앞으로 좋아질 거란 사주쟁이 말에 화색이 돌던 소박한 아낙들도 보이지 않는다.

행정도시 바람으로 인해 땅값이 올랐으면 농민들 주머니가 두둑해져 활기가 넘치련만 장터는 한산하다. 자고 나면 치솟는 땅값으로 사람들은 벼락부자가 되어 신바람 난 줄 알았는데 농부에게 황금 완장은 어울리지 않더란 말인가. 장터의 한가로움이 낯설다.

장날이라야 채소, 잡곡 팔아 푼돈 손에 쥐어 보고, 정성스레 키운 돼지 몇 마리 팔아 자식학비 마련했던 이들에게 행정 도시로 인한 부가가치는 도대체 무엇이란 말인가.

국밥집에서 만난 농부는 이런 푸념을 늘어놓았다.

그동안 농사만 짓고 살았어도 마음은 편했다. 그런데 요즘은 순수했던 마음이 자신도 몰라보게 변했다. 형제처럼 지내던 박 씨가 땅 판 돈으로 모텔 부지를 물색하러 다니는 모습을 보면 배가 아프고, 땅마지기나 있는 서 씨가 농사일은 뒷전으로 미루고 읍내 다방에 들락거리는 모습을 보면 울화통이 치민다.

함홍댁은 밭뙈기 조금 있는 것 언제 팔 거냐며 아침저녁으로 전화질해대는 아들 때문에 마음이 아프다. 걸쭉한 입담으로 장날이면 공짜 술 얻어 마시는 노 씨도 아들 때문에 얼굴을 들고 다닐 수가 없다. 반건달처럼 살며 아비의 속을 썩이더니 떳다방인지 뭔지를 운영하는 사람들과 어울려 동네를 누비고 다닌다. 마을 사람들의 개인 정보를 알려주는 대가로 몇 푼의 구전을 뜯어 먹고 있다. 이들은 누구를 위하여 한 편의 소설을 쓰고 있는 것일까. 마음이 먹먹했다.

그 뒤에서 막강(?)한 이들이 노 씨 아들을 조종했다. 거미줄에 진을 친 거미처럼 농민들을 부추겨 농지를 매입해 가고 있다. 농민들은 거미줄에 끈끈이가 있는 줄도 모르고 자꾸만 자꾸만 걸려들고 있었다. 한 마리 미물이 되어 재력가들의 먹이가 되고 있었다. 정작 황금완장은 자신들이 챙기고 농민에게 채워주는 것은 비닐 완장뿐인 것을 순박한 농민들은 모른 채 자신의 팔뚝에도 황금 완장이 채워지리라 기대한다. 그간 관습도로로 이용하던 길에 철조망을 쳐 통행을 금하는가 하면, 쌀 몇 말 주며 수십 년 간 빌려 사용한 대지를 차지하려고 소송을 내기도 한다. 생명과 인정을 금보다 귀히 여겼던 사람들이 물질의 노예가 되고 있었다. 평생 땅에는 씨앗을 뿌려 거두는 이치를 거스르지 않았던 사람들이 땅을 돈으로 환산하는 사람들 농간에 빠져들고 있는 것이다. 저 가여운 농민의 후예들이.

고향 사람들은 황금 숭배자가 되어 있었다. 황금완장이 인간에게 어떤 욕망을 불러일으킬지, 권력인 동시에 족쇄라는 사실을 알지 못했다.

소설가 윤흥길은 이 시대의 불운을 이미 알고 있었던 것일까? 소설 「완장」의 주인공 종술을 통해 이야기했던가. 문제아였던 종술은 저수지 관리인이 되어 비닐완장을 팔에 찬다. 고단한 삶을 살았던 그는 완장이 크나큰 권력의 무게로 다가온다. 자신의 인생 실패가 완장 찬 사람들 때문이라고 믿었기에 저수지를 찾는 관광객들을 괴롭힌다. 읍내에 나갈 때도 완장을 팔에 두르고 나갈 정도로 완장에 집착한다. 하지만 그 막강한 권력에도 반항세력은 있어 그는 마을에서 쫓겨난다. 그가 술집 작부 부월이와 고향을 떠난 다음날 그가 차고 다녔던 노란 완장이 마을 저수지 위에 떠오른다.

농사밖에 모르는 사람들이 껍데기 완장을 차고 거창한 권력이나 손에 쥔 것으로 착각하고 수박밭에 심었던 소망을, 국밥 한 그릇의 행복을 버릴까 걱정된다. 경운기 타고 일터로 향하던 금슬 좋은 부부에게 이혼의 위기가 닥치지는 않을지.(벌써 이혼한 부부도 있다.)

이런저런 생각을 하며 장터를 한 바퀴 돌아나오자 휘황

한 간판들이 눈에 들어온다. 21세기부동산, 천지부동산, 벼락부자 부동산, 자매다방, 신천지다방, 사르르다방, 다방다방다방다방. 그곳엔 수많은 불나비들이 떼를 지어 달려들고 있었다.

윤흥길이 술집 작부 부월이를 통해 한마디 내뱉는다.

"눈에 보이는 완장은 기중 벨 볼일 없는 하빠리들이나 차는 게여. 진짜 완장은 눈에 뵈지도 않어!"

겨울은 익어간다

김장김치 깊은 맛은 어머니 따뜻한 손길에서 나온다.

아무렇게나 뿌리는 것 같아도 한 포기 한 포기 절이는 소금양이 정확하고, 대충 넣는 것 같아도 양념 양이 정확하다. 그래서 김장 하는 날, 어머니가 계시지 않으면 마음이 놓이지 않는다.

김장은 몸이 고된 일이다. 고된 일에 어머니를 모시는 것이 불효일지 모르지만 나는 깊은 맛을 내지 못한다. 내가 담근 김치는 아직도 얕은 맛이다.

들일을 마치고 돌아오신 아버지의 늦은 밥상에는 꼭 자반고등어가 올라갔다. 아궁이 불씨에 구운 노릇노릇한 고등어는 한 토막이었다. 고등어는 밥상 한가운데가 아닌 아버지 밥그릇에서 가장 가까운 자리에 놓였다. 아버지만 드셔야 한다는 어머니 무언의 말씀이셨다. 아버지가 고등어 접시를 형제들 앞에 밀어놓아도 누구 하나 덥석 집어들지 않았다. 고등어 두어 토막 상에 더 올리지 못할 만큼 궁상스런 살림은 아니었지만 그것이 아버지에 대한 어머니의 사랑법이셨던 것 같다.

아버지가 진지를 다 드시고 나면 자반고등어는 앙상한 가시를 드러냈다. 상을 물리며 자식 보기에 좀 미안하셨던지 "고등어 그 놈 참 얕은 맛 나네." 하셨다. 얕은맛은 맛있게 먹었지만 조금은 민망해지는 맛이다. 차라리 먹지 않았으면 마음이라도 부른 맛인 것이다.

깊은 맛은 배부르게 먹고 나서도 부담스럽지 않고 죄스럽지 않는 맛이다. 손가락으로 집어 다른 이의 입에 넣어주고 그 손으로 내입에 넣어 먹는 편안한 맛이다. 얕은맛이 간사한 혀가 느끼는 맛이라면 깊은 맛은 마음과 마음이 느끼는 맛이다. 자신의 인생을 온통 가족에게 저당 잡힌 것도 부족해 선이자까지 물어주며 살아온 사람이 만들어내는 맛인 것이다. 그 사람의 마음은 속이 꽉 찬 배추처럼 결이 많다. 결 속에 웬만한 일은 넣어두고 겉으로 드러내지 않는다. 아파도 신음하지 않고 기뻐도 경중거리지 않는다. 서러워도 대거리하지 않고 억울해도 변명하지 않는다. 그것은 누구에게 배운 것이 아니다. 살면서 김치가 짠지가 되고 그릇이 그륵이 되는 과정을 겪으며 터득한 사랑인 것이다.

그 손은 참으로 따뜻하다. 배탈이 나 차가워진 배를 쓰다듬으면 통증이 사라지고, 무더운 여름 손부채질을 하면 손가락 사이로 바람이 들어와 스르르 잠들게 한다. 인생의 거친 문제, 간지러운 문제, 끈적거리는 문제도 그 손길에 맡기면 모두 생명으로 재탄생된다.

따뜻한 체온을 받은 생명은 받지 않은 생명보다 성장이 빠르다고 한다. 더 활발하고, 사물에 대한 반응이 빠르고, 정서적으로 안정이 된다고 하니 오늘도 나는 그 따뜻한 은혜로 사는 것이다.

올해도 어머니의 11월 달력은 바쁘다. ○○일 큰아들네를 시작으로 큰딸, 마을회관, 이모네, 교회를 거쳐 우리 집으로 오실 계획이다. 김장을 해야 한다는 걱정이 어머니를 보면 말끔히 사라진다. 다 잘될 것 같고 맛이 있을 것 같고 실수 하지 않을 것 같아서다.

어머니와 함께 담근 김치는 넉넉하게 해도 늘 부족하다. 김장독에서 익기도 전에 주고 싶은 사람들 얼굴이 김치 속에서 웃는다.

김장은 이렇게 마음을 부르게 한다. 이상기온으로 배춧값이 올랐지만 값에 비해 배추만큼 푸짐한 것이 없다. 조금 넉넉하게 담가 놓으면 마음이 따뜻하다. 보들레르의 시詩가 아무리 훌륭해도 소월의 시구절만큼 실감 나지 않는 것처럼 아무리 맛있는 음식도 김치 한 조각 먹지 않으면 개운

하지 않으니 하는 말이다.

결 삭은 김치만 있으면 겨우내 반찬 걱정은 하지 않아도 된다. 김치전, 김치찜, 김치만두, 김치볶은밥, 김치피자, 김치국수, 김치계란말이, 김치찌개, 김치김밥 등등.

특히 잘 익은 김치를 넣어 조린 돼지등뼈 찜의 깊은 맛은 감각적이다. 배추김치 서너 쪽에 돼지등뼈, 마늘, 생강, 매실청, 들기름을 듬뿍 넣어 압력솥에 찜을 할 때 뿜어져 나오는 냄새는 나를 수십 리 떨어져 나온 곳으로 데려다 준다. 넓은 들판 옹달샘이 있는 고향으로, 부모님과 행복하게 살던 복사꽃 꽃비 내리던 과수원으로….

코끝으로 들어온 냄새가 적당한 온기로 익혀 다시 밖으로 나갈 때 내 마음은 어떤 기쁨에 녹아내리기도 하고, 이성에 대한 호기심으로 소설책에 눈을 박고 있었던 부끄러운 기억으로 얼굴이 붉어지기도 한다.

지금 글을 쓰며 그 냄새를 생각하는 동안 내 감각은 지뢰처럼 기억을 폭발시키고 있다. 수많은 감성들이 뇌관을 통해 튀어오르고 있다.

나는 아직 어머니 깊은 손맛을 흉내 내고 싶지 않다. 김장을 마치고 어머니와 목욕탕에 가는 일도 포기하고 싶지 않다. 김장은 내게 아름다운 정서이고 어머니에 대한 믿음이기 때문이다. 올해도 겨울은 김치처럼 익어갈 것이다.

사각사각사각.

유희는 끝나지 않았다

오래 묵은 개犬公는 여우로 둔갑을 한다고 했다. 그러니 없애야 한다고 입을 모았다. 착하고 선한 사람들은 이 부분에 대해선 단호했다. 개뿐 아니라 몽당 빗자루나 고가古家에 대해서도 그랬다. 그것들은 초자연적인 힘이 있어 사람을 해친다고 믿었다. 일종의 공포였다.

초등학교에 다닐 때였다. 사람들은 우리 집 누렁이도 사람을 해칠지 모르니 잡아치우라고 했다. 부모님은 괜한 소리 말라고 했지만, 한번 믿음을 가진 사람들은 그 믿음을 구체화시켰고, 장마가 끝나갈 무렵 누렁이를 월하교川 모래사장으로 끌고 갔다.

이른 아침 대여섯 명의 장정이 우리 집 마당으로 들어섰을 때 누렁이는 입에서 거품이 일도록 울부짖었다. 겁에 질린 눈으로 가족들을 찾았지만 아무도 나와 보지 않았다. 어머니는 부엌에서 뭔가를 하셨고 아버지는 뒷짐을 진채 밭이랑에 서 계셨다.

어린 나이었지만 나는 누렁이가 다리 아래로 끌려가면 무슨 일을 당할지 어렴풋이 알고 있었다. 지난여름 끌려간 옆집 덕구도 승찬이네 메리도 영영 돌아오지 않았다.

누렁이가 다리 아래로 끌려가던 날, 삼촌을 따라 월하천에 다녀온 승찬이는 영웅처럼 떠들었다. 새끼줄로 묶은 누렁이를 다리 난간에 매달아 놓고 몽둥이로 사정없이 내리쳤다고. 울지도 못한 채 눈알이 튀어나오며 다리가 뻣뻣해졌다고. 그때 누렁이 위로 장작불이 피어올랐다고. 나는 승찬이 이야기를 들으며 두 손으로 눈과 귀를 가렸다. 누렁이가 불쌍해 죽을 것만 같았다.

그 무덥고 처참했던 여름. 승찬이 삼촌에게서는 피 냄새가 났다. 그가 곁에 있으면 구역질이 일었다. 농사일을 거들러 오면 뒷방에 숨었고. 골목에서 마주치지 않으려 피해 다녔다. 아무 일도 없었던 것처럼 대할 수가 없었다. 그의 손에 밧줄과 몽둥이가 들려 있는 것 같았다. 영웅과도 같은 사람이었다. 자치기도, 팽이도, 썰매도 그의 손에선 마술처럼 만들어졌었다. 그런 손으로 어떻게 누렁이를.

누렁이가 사라진 후, 툭하면 눈물이 났다. 아니 눈물이 필요하다 여겨지면 누렁이를 생각했다. 어른들께 내 요구가 통하지 않을 때, 어떤 일이 내게 불리함으로 다가올 때 사람들에게 잡히지 않으려고 발버둥치다 입과 발이 묶여 가마니를 뒤집어 쓴 누렁이. 그 속에서 신음하며 주인을 불러대던 누렁이. 사람들이 땀을 흘리며 먹었을 누렁이를 생각했다. 한참을 그러고 있으면 가슴이 찡해지며 눈물이 나왔다. 처음엔 누렁이가 불쌍해서 눈물이 나오지만 한참 울다 보면 나만 슬픔을 안고 있는 것처럼 눈물은 눈물을 만들어 냈다.

놀라운 사실은 실컷 울고 나면 눈동자가 풀리고 다리에 힘이 빠지고 심장이 오그라들 것 같지만 어떤 알 수 없는 쾌감이 전신을 뒤덮었다는 것이다.

나는 그런 유희를 즐겼다. 내가 울면 사람들은 이내 관심을 보였다. 무엇을 잘해 어른들께 받는 관심하고는 다른 행복이었다. 그렇다고 관심을 끌려고 울었던 것만은 아니다. 뭔가 색다른 일, 놀라운 일을 원하고 있었다. 눈물을 흘리므로 행복해질 수 있는 것은 역설적인 쾌감이었고 그 자체만으로도 나는 울 준비가 돼 있었다.

누렁이와 함께 살던 시절은 우리 가족이 가장 행복한 때였다. 과수원을 장만하신 아버지는 부지런하셨고 열의에 차 있었다. 아버지의 복숭아는 언제나 최상품이었다. 좋은 상품을 경작하기에 부모님의 몸은 힘들었지만 어느 때보다도 금슬이 좋으셨다. 부모님의 금슬이 좋으면 그에 딸린 식솔과 짐승은 호강을 누린다. 시대적인 상황으로 보아 개는 목돈 마련을 위한 투자 용도로 사육되었지만 누렁이는 새끼를 낳지 않았다. 과수원에서 돌아오는 부모님을 향해 엉덩이와 꼬리를 흔들어 반겨주는 일로 본분을 다했다. 아버지는 아무리 힘이 들어도 누렁이의 인사를 그냥 넘기지 않으셨다. 그럴 때면 온 가족이 누렁이를 가운데 두고 한바탕 웃음꽃을 피운 뒤에야 하루 일을 정리했다.

누렁이는 가족이었다. 마을 사람들이 그런 누렁이를 없애야 한다고 했을 때 아버지는 자식들 핑계를 대셨지만 실은 누구보다도 충직한 누렁이를 보낼 수 없으셨을 것이다.

세월은 존재했던 풍경을 사라지게 한다. 아버지도 누렁이도 승찬이 삼촌도.

한데 지난여름 육거리 보신탕집 앞을 지나가는데 검게 그을린 개 한 마리가 갈비뼈를 드러내고 길바닥에 누워있었다. 사등분으로 나눠진 물체를 어림잡아 붙여보니 누렁이만 했다.

꼭 감겨진 눈이 울고 있는 것 같았다. 아니 울었을 것이다. 힘이 없는 존재였으니. 죽음조차 자신이 선택하지 못한 채 불 속에서 아우성 쳤을 속절없는 삶이었으니.

순간 뜨거웠던 여름날의 정경이 떠올랐다. 어머니의 흐느낌이 들렸고 반바지 아래로 드러난 아버지의 하얀 고무신 위로 주먹만 한 눈물이 떨어져 내렸다.

누렁이는 이미 짐승이 아니고 거대한 슬픔이었던 것이다.

염치없지만

초록 숲 그림 앞에 있다.

아주 간결하고 맛깔스런 문체를 읽었을 때의 짜릿한 쾌감이 감성을 건드린다.

인간과 자연이 함께하는 -상생相生-의 카테고리 안에서 이루어진 생명체들이 대화하고 있다. 사람과 동물, 나무와 풀과 꽃이 연체동물처럼 휘어진 선이 편안하다. 동물이 사람과 함께 춤추는 비현실적인 이미지는 나의 의식을 환상적인 세계, 잠재된 의식세계로 이끌어 간다.

유년기에 보았던 소나무 숲의 형상을 떠올려 나를 달뜨게 한다. 내가 처음 숲을 본 것은 대여섯 살 무렵이었다. 사촌들은 높이를 알 수 없는 소나무가 빼곡한 곳으로 나를 데리고 갔다. 소나무 가지에 매달아 놓은 그네에 올려놓고 오빠들은 서로 밀어 주겠다며 실랑이를 벌였다. 바람은 간지러웠고 숲속은 웃음소리로 가득했다. 내가 손을 뻗으면 언제든지 다가와 주었던 소나무와 오빠들.

그 풍경은 지금까지 나를 지배하는 정서가 돼 유사한 이미지만 보면 어김없이 감정이 흔들리곤 한다.

그림 속 군상들은 오늘도 춤을 춘다. 나도 그들과 어우러져 한바탕 춤을 춘다. 평소에는 흥겨운 음악이 흘러 나와도 머리 위로 올리지 못하는 손을 번쩍 들고 덩실덩실 춤을 춘다. 눈앞에 직면한 근심걱정도 한참을 치워야 하는 살림살이도 눈에 들어오지 않는다. 허황된 꿈도 다가갈 수 없는 현실도 한편으로 밀어 버린다. 내가 갖고 있지 않은 것들도 너무 멀어서 바라볼 수 없는 것들도 생각 귀퉁이에 처 박힌다.

ET 같은 얼굴을 한 그림 속 사람들을 바라보고 있으면 절로 웃음이 나온다. 그 순간 나도 어지러운 세상이 아닌 숲속에 있는 것이다. 분에 넘치는 호사다.

3년 전 손부남 화백 전시회를 다녀왔었다. 그림은 아주 특별했다. 끈으로 연결지어진 상생 시리즈는 신과 자연에 대해 표현하고 있었다. 식물은 삶의 촉매제 역할을 하고 동물은 삶을 관장하는 생명체 역할을 하고 있었다. 이 요소들은 작가의 무의식으로부터 시작되었고 모든 생명체는 생명을 창조하는 숭고한 힘을 지니고 있다고 말하는 듯했다. 멀리서 보면 하나의 조화로운 풍경 같지만 가까이 다가가면 그 안에 복잡하고 다양한 풍경이 원시적이면서도 강한 에너지를 뿜어내고 있었다. 그림마다 색의 절제, 공간의 변화, 이중 공간의 설정 등 다양한 변화를 주고 있었다. 특히 돌가루를 가미한 입체적인 기법은 나의 마음을 송두리째 빼앗아 버렸다.

유독 여백의 미를 강조한 그림이 나를 멈춰 세웠다. 인간과 자연이 한데 어우러져 금방이라도 뒤로 넘어질 듯 웃어젖히고 있었다. 모든 피조물은 함께 존재하며 필연적으로 상관관계를 지니고 있음을 내게 말하는 것 같았다. 눈물이 핑 돌았다. 무엇이 저들을 저토록 행복하게 하는 것일까. 부족한 것 없는 세상에 살면서도 늘 허기진 내 모습이 측은해보였다. 경쾌한 리듬 속에서도 두 팔을 올리지 못하는 나의 소심함과 무기력함이 슬펐다.

며칠 후 그림 앞에 다시 섰다. 그날은 색감이 정신을 몽롱하게 했다. 크림색 바탕에 황금빛을 가미한 브라운은 근원적인 심성을 건드렸다. 작은 나무라면 슬그머니 뽑아오고 싶었다. 아이를 낳지 못하는 여인이 아기를 보면 본능적으로 안고 싶은 감정이 인다는 것을 이해할 것 같았다. 그림 속 여백은 나를 위한 자리 같았다. 세상에 치여 빈 깡통처럼 대충 살아가는 내게도 마음자리 편히 쉴 만한 공간 한 평쯤은 있어야 할 것 같았다.

그림을 거실에 걸어두고 싶었다. 트럭에 작품을 싣고 집으로 오는 꿈도 꾸었다. 그러나 50㎝ × 244㎝ 대작은 값이 만만치 않았다. 알면서도 그림이 마음에서 떠나지 않았다. 일이 손에 잡히지 않았다. 눈을 감으면 그림속의 형체들이 나를 향해 손을 내밀었다. 함께 춤을 추며 소통하기를 원했다.

내가 만들 수 있는 만큼의 돈을 마련해 화가에게 직접 찾아가 사정을 해볼까. 할부로 구입을 해도 좋은지 물어볼까. 속절없는 생각으로 시간을 보냈다.

며칠 후 그 그림이 퇴직교사에게 팔렸다는 소식이 들렸다. 눈시울이 후끈거렸다. 두 발을 동동 굴렀다. 잡기에 능하지 않은 유전자를 타고 난 덕에 땅따먹기놀이에서도 공기놀이에서도 나는 늘 밀려났었다. 덩치 좋은 순자 치마폭에 잔뜩 들어 있는 공깃돌이 부러웠지만 그때도 울지 않았다. 공무원 생활하며 어찌어찌 마련한 목돈을 지인에게 사기당했을 때도 울지 않았다. 그런데 그림이 팔렸다는 소식을 듣자 내 손에 들려져 있는 아주 중요한 무엇을 누군가에게 빼앗긴 것처럼 허전했다. 며칠 무거운 마음으로 보냈다. 애초에 내 것이 아니었는데 슬펐다.

산다는 일은 슬프다. 사랑해서 슬프고 소유하고 싶어 슬프다. 버리지 못해 슬프고 떠나보내지 못해 슬프다. 기뻐도 슬프고 슬퍼서 슬프다. 그래서 나는 그림을 본다. 그로부터 위로를 받는다. 그런 면에서 참 다행인 것은 화가들은 참 솔직하다는 거다. 자기 자신을 감추지 않는다. 감추기는커녕 끊임없이 자신의 속살을 드러낸다. 그 속살을 들여다보고 있으면 좋은 사람에게 마음이 허물어지듯 세상을 향해 곤두세웠던 욕망들이 와르르 무너져 내린다.

어떤 유형의 그림인지는 중요하지 않다. 창작의 고통이 담긴 그림이면 좋다. 작가의 마음 상태에 따라 부드럽고, 따뜻하고, 사랑스럽고, 차갑고, 무겁게 느껴질 때 작가의 솔직한 고백을 들은 것 같아 마음이 뭉클해진다. 오래전부터 알고 있는 사람처럼 마음이 따뜻해진다. 그 따뜻함이 나는 참 좋다.

그렁저렁 몇 달이 흘렀다. 남편이 술자리에서 후배인 손 화백에게 아내의 속상한 이야기를 했나 보다. 작업실로 나를 초대했다. 초록 숲 그림 앞에 세워 놓고 어떤지 물었다. 그의 화집 표지화를 장식한 작품이(54×244)다. 초록 숲에 앉아 있으면 좋을 것 같다고 답했다.

이틀 후 초록 숲이 우리 집 거실로 이사를 왔다.

…….

그래서 나는 오늘도 그림과 놀고 있는 것이다. 한없이 염치없지만

2부

내 말 좀 들어봐

요즘 이런 생각을 했어. 나이가 든다는 것은 좀 헐렁해지는 일이라고.

누구 때문에, 무엇 때문에 쳐 놓았던 거미줄을 툭 끊어버리고, 줄기차게 따라 오는 욕심 야무지게 떼어 놓는 일이라고.

그동안 왜 그렇게 자신을 괴롭히며 촘촘히 살았는지 슬그머니 화가 나. 수십 년간 하루도 거르지 않고 밥 지었는데 주방장 면허증 하나 발급받지 못했고, 세금 한푼 떼먹지 않았는데 훈장 한 개도 안 주네.

벌써 좀 느슨해진 것 같아. 편안한 셔츠와 고무줄바지가 옷장을, 가볍고 쓰기 편리한 그릇이 주방을 차지한지 좀 됐거든.

이따금 찾아와 옷장 정리해 주는 딸아이가 이렇게 살면 늙는 거라고 엄포를 놓지만 어차피 사람은 늙어가는 것, 아니 기다리고 있는 늙음에게 다가가는 거 아냐?

그동안 내색을 하지 않아 그렇지 에어컨 바람만 쐐도 목이 아프고, 신자두 하나 와작와작 씹지 못해. 운동이라고 조금 하면 맨소래담 등짝에 덕지덕지 발라야 하고, 고사리 속에 든 머리카락도 구분 못해. 그냥 먹다가 입안에 걸리면 손가락으로 죽 잡아당겨. 징그럽지도 불결하다는 생각도 들지 않아. 그동안 살아오면서 내가 저지른 잘못과 내가 당한 일에 비교하면 이런 일은 아무것도 아니야.

며칠 전 선배랑 통화를 하는데 이런 말을 하더라구. 화장실이 급해 노크를 하니 인기척이 없더래. 문을 열고 들어가려는데, 아뿔싸! 냉장고 문인 거야. 서로 한참을 웃었지만 웃을 일이 아닌 것 같아.

더 쎈 것도 있는데 귀 좀 빌려 줘봐. 나 밤색시 노릇 안 한지 몇 년 됐는지 기억에도 없어. ㅠㅠ

그런데 어떻게 아닌 척 괜찮은 척 완전 무장하고 살 수 있겠어. 티브이도 끊었더니 남북회담도 올림픽도 시들하네. 국민으로서 직무유기라고? 그래도 할 수 없지 뭐.

어차피 정치는 안 할 거고, 남들 앞에 당당히 드러낼 몸매도, 기부할 재산도, 봉사할 힘도, 제대로 된 글 한 편 없으니. 앞으로 오리헤엄을 쳐도 훈장 한 개 받지 못해. 게다가 우리에게는 멀리건도 주어지지 않잖아.

창 너머 상가들이 셔터 문을 올리며 부스스한 민낯을 드러내고 있어. 금송 화분도 햇살 좋은 자리로 나앉네. 참 그림처럼 예쁘다.

나도 공원 한 귀퉁이 그림이나 되어 햇살 한 바가지 쐬고 와야겠어.

지난밤 벗어 둔 속옷 가슴에 두르려다 훽 집어 던지고 셔츠 속으로 머리를 집어넣었어. 나, 이래도 괜찮은 거지?

노을도 생리통을 앓는다

햇볕이 좋아 생리대를 빨았다. 몇 년 사용하지 않아 누렇게 변한 생리대에 옥시크린을 넣어 삶자 뽀얀 속살을 드러낸다. 빨랫줄에 널린 소창생리대는 빨간 벽돌집과 어우러져 한 편의 시가 되어 펄럭인다. 음력 19일쯤 어김없이 몸속에 들였던 생리대 사이 사이로 지나간 청춘이 아른거린다. 비릿한 냄새가 얼굴을 붉힌다. 뭔지 모를 묵직함이 심장을 툭 치고 지나간다. 시리도록 그리운 것들이지만 지금은 내게 없는 풍경이다.

그가 사라지자 피부는 푸석하고 눈은 침침하다. 체력약화와 건망증은 미래에 대한 두려움을 일게 하니 아무렇지도 않은 척 시치미 떼기가 어렵다.

팽창해진 유두가 옷깃에 스치면 아찔한 경련이 일던 은

밀함도 사라지고. 생식기에 힘을 줘도 변화가 일지 않는다. 옷 밖으로 드러나는 봉긋함이 부끄러워 옷을 부풀려 입던 소녀는 아직도 눈시울에 걸려 있는데 어느새 엉덩이를 내밀어도 부풀지 않는 가난한 여자는 이제 가슴 시리도록 아름다운 단어 '여자'라는 이름에서 멀어지고 있다.

내가 생리를 시작할 나이가 되자 어머니는 소창 한 필을 준비하셨다. 햇살 좋은 날 적당한 크기로 잘라 시침질 한 후 깨끗이 빨아 뒤란 가득 널어놓았다. 겉으로 드러내진 않았지만 뭔지 모를 흥분이 집안 가득 맴돌았다. 아버지는 조치원읍에 나가 돼지고기를 끊어 오셨고, 일곱 살 위 오빠는 막내동생의 성장이 기특한지 볼일도 없는데 나를 불러대곤 했다. 그리고 며칠 후 책상 위에 ≪에티켓≫ 책 한 권이 놓여있었다. 소녀에서 여자로 살아가야 할 동생에게 오빠가 주는 선물이었다. 그때 나는 삼신할머니의 손길이 엉덩이에 남아 꽃을 보면 꽃이 되고, 비가 오면 비가 되어 골목을 헤매는 철부지 생명체였다. 장차 여자로 사는 일이 원초적인 외로움과 고통이 따른다는 것을 알지 못했다.

서너 달 후 첫 생리가 여린 몸을 밀고 밖으로 나왔다. 친구들의 경험을 통해 마음은 먹고 있었지만 겁이 났다. 울상이 된 내게 어머니는 와이셔츠 상자 한 개를 건네주셨다. 그 안엔 뒤란에서 펄럭이던 소창 생리대 이십여 개가 반듯하게 접혀 있었다.

그것을 받아들고 내 방으로 건너오며 왈칵 눈물이 쏟아졌다. 그 눈물이 무엇을 의미했는지 알 수 없지만 첫딸을 출산하며 똑같은 느낌의 눈물을 흘렸었다.

그것을 어떻게 사용하는지 누가 일러주지 않았지만 본능으로 알아차렸다. 사람들 눈에 띄지 않게 은밀히 몸속에 밀어 넣어야 하고, 그것에 붉은 물이 차면 새것으로 갈아야 한다는 것을.

그 시절 내가 살았던 기와집 뒤란은 장독대, 개나리, 감나무, 장미꽃 가득한 이브의 정원이었다. 그곳에선 여성들만의 은밀한 일들이 이루어졌다. 생리대의 뒤처리도 그곳에서 했다. 세숫대야 미지근한 물에 생리대를 담가 놓으면 물감을 풀어 놓은 듯 붉은 물이 흘러 나왔다. 말갛던 물이 점점 붉어지면 가슴이 콩닥거렸다. 그 물을 아무렇게나 버리지 않았다. 의식을 치르듯 조심스레 도랑에 버리면 붉은 길을 내며 어디론지 사라지곤 했다. 그럴 땐 흉터가 아물며 올라오는 간지러운 아픔 같은 것이 스멀스멀 기어 올라오곤 했다.

심장에서 터져 나오는 듯한 붉은 빛깔은 소녀가 세상에 내민 성기였고 부끄러움이었다.

내가 연애를 시작했을 때 어머니의 관심은 딸자식에게 있는 것이 아니라 여자에게 있었다. 생리를 하는지 안 하는지로 나의 행실을 가늠하셨다. 생리일이 다가오면 나보다 먼저 생리를 기다리셨다. 내 서랍을 열어본 흔적으로 어머니의 기척을 느낄 수 있었다. 그런 관심이 마음에 드는 것은 아니었지만 어딘지 주술적인 힘이 있었다. 달마다 거르지 않고 생리가 찾아오면 깔끔하게 접힌 생리대를 몸 안으로 밀어 넣으며 승리감에 도취되곤 했었다.

흙도 부드러워야 물과 공기가 잘 스며들듯이 그가 내 안에 있을 때 내 마음은 부드러웠고 따뜻했다. 모든 신경세포는 예민했고 감각은 살아 꿈틀거렸다. 열일곱 우주를 진동케 했던 키스는 그가 내게 준 최고의 선물이었음을 이제는 고백한다. 창자가 끊어질 것 같던 그 통증을 경험하지 못했다면 나는 온몸에 털이 숭숭 난 중성인간으로 살고 있지 않았을까.

40여 년 나와 서툰 세상을 터벅터벅 걸어 와준 그가 참으로 고맙다. 그의 덕분에 한 가계家系를 이루는 데 큰 힘이 되었다. 두 아이의 탄생을 맞이하며 환희의 송가를 불렀고 그들로 인해 사는 의미를 깨달았다.

이제 나는 여성에서 인간으로 전환되는 과도기에 있다. 잘 견디는 만큼 성숙해질 것이다. 마음 조절할 능력을 갖게 될 것이고 세상을 넌지시 바라보는 여유도 생길 것이다. 이것은 숙제다.

숙제는 세월이 어느 정도 해결해 줄 것이다. 한데 햇살 좋은 날, 알 수 없는 묵직함이 심장을 건드리면 소창생리대가 차고 싶어 안달이 난다. 한 필로 평생을 사용했지만 아직도 짱짱하다. 내 마음도 짱짱하다. 아침이슬을 보면 가슴이 뛰고 누군가 툭 치면 나도 모르게 팔로 가슴부터 가린다. 다른 용품은 시장에서 구입해도 실크팬티와 향 좋은 세정제를 고집한다. 늙어가는 내가 내게 주는 상이다.

저녁나절 거실에 앉아 햇볕에 바짝 마른 생리대를 곱게 접었다. 심줄 도드라져 깡마른 손이 하얀 생리대와 묘한 조화를 이룬다. 청춘과 욕망이 함께 말라버린 생리대에서 바람소리가 들린다. 좀 전까지 시리던 몸이 뜨거워진다. 잘 접은 생리대를 서랍 깊숙이 밀어 넣고 양병산에 올랐다. 긴 장마를 견뎌낸 까닭인가. 저 너머 동네에서 건들대는 노을이 낭자한 핏빛이다. 세숫대야에 가득 담긴 석류 빛 붉은 물이다.

남자 사람

툭 까놓고 남자 이야기 좀 해야겠다.

사내녀석이 울면 불알 떨어진다는 소리에, 울고 싶어도 불알 붙잡고 두 눈 끔뻑 거렸던 남자 말이다. 우는 것이 남자와 무슨 상관이 있는지 모르겠지만. 여자가 잘못을 인정하지 않는 남자를 비아냥거리며 내뱉는 서푼어치도 안 되는 자존심은 울어야 할 때 울지 못한 눈물의 화석이라고 생각한다.

남자의 삶은 하루하루가 막다른 골목이다. 쉽게 상처받고 지쳐버린다. 그러니 거품이라도 일으켜 보자는 배짱이 생겼다. 여자 셋이 모이면 접시가 깨지지만, 남자 셋이 모이면 군대 역사를 뒤집어 놓는다, 베트콩 서너 명은 쥐새끼 때려잡듯 잡아버리고, 왕년에 갈비뼈 부러지도록 싸워보지 못한 남자는 사내 축에도 끼지 못한다. 남자의 피 속에는 카사노바의 끼가 있어 세상 여자들은 다 자기를 좋아하는 줄 착각하고, 호시탐탐 친구의 여자를 넘보기도 한다. 자신을 거쳐 간 여자의 수와 하루 저녁에 쏟아낸 정자의 수가 많을수록 힘센 남자라 여긴다.

신윤복의 그림 「기방무사」처럼 사랑을 못해본 놈은 사내도 아니고, 미인이 첫날밤 옷 벗는 소리를 세상에서 가장 듣기 좋은 소리라고 이죽거린다. 그러니 사랑은 빈껍데기에 불과하다. 여자를 잘 안다고 과장하는 남자일수록 여자의 속임수에 쉽게 넘어간다. 어머니는 20년 걸려 아들을 사내로 만들지만 여자는 그 사내를 3초 만에 바보로 만든다.

휴, 여기서 잠시 숨 좀 쉬어야겠다.

이제 경쟁이다. 칼루이스처럼 호루라기가 울리는 순간 인대가 늘어나고 코피가 터지도록 달리고 달린다. 길을 잃어도 묻지 않고, 한번 고면 끝까지 고다.

그러나 세상은 만만치 않다. 실패를 거듭하며 돈과 권력의 잣대 앞에서 무력해지고, 믿었던 사람에게 배신을 당한다. 속 모르는 아내는 밀린 고지서를 들이밀고, 화려하게 출세한 친구들은 백 미터 앞에 있다. 이쯤 되면 쏟아지는 속울음을 통제하지 못해 아내 아닌 여자를 찾고, 단골 술집을 만들어 놓는다. 이유 없이 화를 내고 짐을 꾸려 행방을 감추기도 한다. 내가 아프니 좀 봐달라는 신호다.

이제 건설할 것도 파괴할 것도 없는 남자는 철봉 위에서 악을 쓴다. 근육은 마지막 남은 자존심이다. 오가다 마주치는 여자가 눈인사라도 건네면 황송하고 황송하여 그것에 힘이 불끈 쥐어진다. 몸에 좋은 약초를 얻기 위해 산이란 산은 다 뒤집어 놓고, 늦은 밤 아내 몰래 야동을 보기도 한다.

이도 시들해진 남자들이 변하고 있다. 집구석에서 밥이나 하지 기어 나왔다고 쌍욕을 퍼붓던 여자 운전자에게 깜빡이를 켜주며 양보를 하고, 티브이 앞에서 떨어질 염려 없는 불알을 붙잡고 훌쩍거린다. 아 어쩌란 말인가. 평생 남자로만 살아온 이 사람을.

그래 이런다고 욕하지 말아야겠다. 누군들 속이 없었겠는가. 남자란 원래 비겁하고 헐겁기 짝이 없어 폼나게 포장 좀 한 것을…. 신이 흙으로 빚어 이름지어준 남자라는 덫에 걸려든 죄로 말이다.

소설은 시작되었다

요즘 나는 밥심心으로 산다.

바~ㅂ 위아랫입술이 떨어졌다 이내 붙으며 내는 촌스러운 단어, 밥이 나를 힘나게 한다. 이런 나를 두고 누군가 젖배를 곯아서 그렇다고 일러줬다. 하지만 내가 어렸을 때 풍족한 살림은 아니었지만 궁핍하지도 않았던 것을 보면. 자신이 살아온 이야기를 쓰자면 소설 몇 권은 될 것이라고 평생을 우려먹는 노인처럼 나의 소설도 이제 서두를 써야 할 때가 온 것 같다.

나는 어린 시절 햄버거가 있는 줄 몰랐다. 피자나 스파게티는 더더욱 몰랐다. 남새밭에서 자란 푸성귀와 장독대에서 누렇게 익은 된장을 먹고 자랐다. 무더위가 익어 가면 우리 집 밥상에는 닭볶음탕이 올라왔다. 닭장에서 끌려나온 튼실한 닭이 끓는 물에 들어가 털이 뽑히고 도마 위에서 토막 쳐지는 모습을 보며 나는 키가 자랐다. 마른버짐을 없애는 유일한 보양식이었다. 저녁 밥상에 올라온 커다란 냄비엔 닭고기보다 주먹만 한 감자와 애호박이 가득했지만 우리 가족의 젓가락질엔 힘이 넘쳤다. 두 개의 닭다리는 아버지와 오빠의 몫이었다. 가족이 지켜야 하는 질서였다. 형제 누구도 닭다리에 젓가락을 대지 않았지만 내 뱃속에선 강력하게 닭다리를 원했다. 먹고 싶은 것을 눈앞에 두고 먹지 못하는 것이 얼마나 원초적인 고통인지 어린 나이에 나는 알고 말았다. 그 때 닭다리를 실컷 먹었으면 활기차게 뛰어다니는 적극적인 성격이 되었을 텐데. 못내 아쉽다.

지금도 재빠르게 닭다리를 향하는 내 젓가락질 속도보다 어머니의 팔꿈치가 더 빨리 내 옆구리를 찍어 누르셨던 감촉을 잊지 못한다.

겉멋이 칠 할이던 3~40십대. 내게는 꼭 밥을 먹어야 한다는 철학이 없었다. 굳이 때를 챙겨야 하는 일이 부담스러울 때도 있었다. 커피 한 잔에 빵 한 조각으로 설렁설렁 아침을 대신하며 서양 음식에 눈뜨기 시작했다. 피자를 집적 구웠고 돈가스도 열심히 튀겼다. 해산물과 야채를 듬뿍 넣은 스파게티는 인기 메뉴였다. 신선한 재료를 구입하기 위해 새벽 장을 보았고 다양한 요리법을 습득하기 위해 학원을 찾기도 했다. 내 음식에 반한 친구들은 한 달에 몇 번씩 내

집에 들렀다. 내가 만든 요리 속에는 사람들의 마음을 치료하는 맛이 들어있었다. 남편과의 불화로 힘이 든 친구도 시부모님 병수발에 지친 친구도 내가 만든 음식을 먹고 나면 힘이 난다고 했다. 참 건강한 시절이었다.

노년을 위해 몸을 거두어야 하는 4, 50십대. 중국요리와 활어회에 열광했다. 탕수육, 전가복, 광어회, 참치회를 먹겠다는 바람에 남편의 지갑은 늘 비상사태였다. 내 몸은 참으로 많은 음식을 받아들였고 그 다양한 맛에 질려하지도 않았다.

한데 지난해부터 몸에서 음식을 가리기 시작한다. 양식을 먹고 나면 속이 더부룩하고 생선회를 먹으면 장이 브레이크를 건다. 조미료나 향신료가 과하게 첨가된 음식은 기가 막히게 알아차리고 소화 능력을 떨어뜨린다. 아무리 몸에 좋은 보양식도 몸이 받아주지 않으니 심心이 생기지 않는다.

게다가 자녀들이 빠져나간 식탁에서 먹는 밥은 찰기가 없다. 머리 들이밀고 바쁘게 숟가락 젓가락이 움직이지 않는 밥상에서 온기 없이 먹는 밥은 밥이 아니고 목구멍에 풀칠하는 행위에 불과하다. 늘 허기가 진다.

자연의 순리일까. 몸도 마음도 타향살이를 접고 고향으로 돌아온 것일까. 몸은 어머니가 해주셨던 음식을 강력히 요구한다. 풍성히 먹고 나도 몸이 편하다. 된장에 조물조물

무친 시래기나물, 풋고추, 애호박을 넣어 부친 고추장장떡, 꼬들꼬들한 오이장아찌, 구수한 멸치고추조림, 시뻘건 닭볶음탕에 잡곡밥 한 공기를 먹고 나야 온몸이 후끈 달아오른다.

온 가족이 함께하는 밥상엔 풍경이 있었다. 가족이라 부르는 사람들이 한상에 둘러앉아 맛있는 음식에 젓가락이 모여들어 실랑이를 벌이는 광경은 그 어떤 명화보다 감동적이다. 피붙이의 걱정과 염려, 기쁨과 슬픔을 함께 섞어 만들어낸 밥이라야 살이 되고 피가 된다. 메마른 논에 물 들어가는 것을 바라보는 농부의 마음처럼 자식의 입속으로 음식 들어가는 모습을 흡족이 바라보는 눈빛으로 인해 비로소 밥심心이 생겨난다. 마음과 마음이 이어지는 그래서 별이 되는 풍경이다. 한 상에 둘러앉아 코 박고 먹는 음식 속에는 겨울 산 같은 끈기와 세상을 따뜻하게 바라보는 찰기가 들어 있기 때문일 것이다.

처서가 지났는데도 더위에 지친 속이 풀리지 않는다. 세월에 몸을 맞추는 일이 버겁다. 요즘 나의 일상과 정신세계는 원숭이가 나무에서 떨어진 격이다. 다시 나무 위에 올라야겠다. 봉명동 한식경식당에서 닭볶음탕 한 냄비를 사들고 왔다. 억지로 맛을 내지 않은 단순하고 담백한 맛이 허기를 자극한다. 닭다리를 뜯고 벌건 국물에 찬밥 한 공기를 넣어 비벼 먹었다. 뱃속으로 닭기름이 좌르르 퍼지며 온몸이 뜨끈해진다. 귀가 순해진다는 나이에 가까우니 밥이 좋다. 밥은 사랑이고 축제며 치유다. 살포시 등 두드리는 위로며 격려다. 오늘의 소설은 이렇게 시작되었다.

“등짝으로 마실 갔던 뱃가죽이 방금 돌아왔다.”로.

변명

싸움을 걸기로 했다. 싸워서 결론이 나는 일이라면 기꺼이 원인을 제공하리라 마음먹었다. 나는 그보다 조금 더 건강했고, 조금 더 뻔뻔했으므로 살이 터지고 찢어지더라도 싸우고 싶었다.

지금 생각해 보면 싸우는 일이 영화 보고 커피 마시고 밥 먹는 일처럼 마음대로 되는 줄 알았던 철없음에 기가 찰 노릇이지만 그땐 싸우면 해결이 되는 줄 알았다.

드디어 한판 제대로 붙을 기미는 장맛비가 내리는 초저녁부터 보이기 시작했다. 우린 조치원을 벗어나 청주를 향해 걸어가고 있었다. 오송을 지나고 미호 어디쯤이었을까. 초저녁부터 내리던 비는 그치고 우리는 느티나무가 있는 구멍가게 평상에 누웠다. 깜깜한 하늘을 바라보며 나는(우린 살아 있고 오늘밤 싸움은 시작될 것이다) 주문을 걸었다. 이렇게 하는 것이 여자로서 자존심 상하는 일이긴 했지만 그를 떠날 수 없는 구실을 만들어야만 했었다.

과년한 딸이 결혼은 하지 않고 연애나 하고 있으니 어머니는 당장 결혼을 하라고 성화셨다. 그럴수록 그는 위축됐고 장결핵은 나아지지 않았다. 그의 졸업은 점점 미뤄졌고 졸업이 늦어지는 만큼 결혼은 불가능해지는 것 같았다. 나는 그가 부모님 앞에서 객기라도 부리기를 바랐다.

"제가 건강해지면 별이라도 따다 주겠습니다. 절 믿고 조금만 기다려 주십시오."

하지만 그는 현실의 우중충한 진실만 이야기해 했다. 그럴 때마다 나는 제겨디딜 곳 없는 그에게 짐이 되는 것 같았다. 한데 마음과 달리 사랑은 많은 것을 포기하고 포용하게 하는 마술을 부릴 줄 알았다. 그 마술로 인해 나는 압축된 조각들처럼 모진 사랑을 하는 것이라고 위로했다. 그 위로는 서글픈 내게 현실과 타협하라는 눈짓을 보내고 있었다.

두 팔을 벌리고 누워있던 그가 새우등을 취하며 돌아누웠다. 등은 젖어 있었다. 병든 몸과 답답한 현실을 벗어나려 몸부림치는 흔적이 묻어 있는 것 같았다. 끈질기게 달라붙어 떨어지지 않는 질병이 그의 등을 더 굽어지게 하는 것 같았다. 내 등이 시려왔다.

한참을 웅크리고 있던 그가 내 쪽으로 돌아누웠다. 머리가 내 가슴께에 닿았다. 슬픔 같은 것이 훅 달려들었다. 나는 가만히 그의 목덜미 속에 손가락을 집어넣었다. 등은 넓고 따뜻했다. 아늑해졌다. 하늘이 내려앉는 것 같았다. 그는 내 얼굴을 끌어당겼다. 어둠으로 인해 그의 눈빛을 볼 수 없다는 것이 다행이었다. 나는 문득 작은 벌레가 되어 그의 등속으로 기어 들어가 살고 싶다는 생각이 들었다.

"너를 고생시키는 일이라도 결혼하고 싶어." 그가 이슬도 뒤채지 않을 만큼 숨죽여 중얼거렸다.

그 소리는 그가 내게 들려준 언어 중에서 가장 낮고 무거웠다. 밤보다 깜깜했다. 하지만 어떤 선물보다 감동스러웠다. 설령 행위가 따르지 않는다 해도 그 말속에 담겨진 진실을 알기에 행복하고 외로웠다. 나는 마술에 걸려들고 있었다. 내가 그에게 온전히 이식 되어 거부반응이 나타나지 않는 상태로 안식을 누릴 수 있다면 순결과 바꿔도 좋다는 생각이 들었다.

뱃속에서 뭔가 꿈틀거렸다. 지금 생각해 보니 다섯 달쯤 된 태아의 발차기 같은 것이었다.

나는 그가 걸어온 싸움에 흥분하기 시작했다. 한판승으로 끝내고 싶지 않았다. 오판 삼승제를 해서라도 불안전한 남자에게 인생을 걸었노라고 공표하고 싶었다.

그를 따라 조그만 방으로 들어갔다. 꽃무늬 이브자리, 얼룩덜룩한 벽지, 누런 비닐장판이 우리의 눈보다 더 휑한 눈으로 우리를 맞았다. 미끄러지듯 벽에 기댔다. 스르륵 두 다리가 방바닥에 널브러졌다. 두 시간여 빗속을 걸어온 발가락은 통통 불어 있었다. 발가락이 꼼지락거렸다. 숨이 막혔던 모양이다. 나처럼.

그가 방문께 앉아 담배에 불을 붙이고 있었다. 젖은 성냥은 피식거릴 뿐 불꽃을 일으키지 못했다. 담배를 피우려는 행동이 아님을 나는 진작부터 알고 있었다. 그와 함께한 8년 세월은 그의 숨소리, 눈동자의 변화, 손놀림까지 여자의 의식 속에 기억도록 했다.

담배 피우는 일을 포기하고 다리를 뻗었다. 커다란 발바닥이 내 발가락 끝에 닿았다. 낯설었다. 같은 방향을 향해 걸어온 발이라고 느껴지지 않았다.

그가 내뿜는 숨소리는 조그만 방안에 소나기처럼 쏟아졌다. 구름 속에 숨겨 두었다 한꺼번에 내리쏟아 붓는지 미호천도 범람할 양이었다.

사람들은 소나기가 쏟아지면 혼비백산한다. 마당에 널어놓은 곡식과 빨래를 거둬들여야 하고, 논에 물꼬도 터 줘야 하고, 땔감도 부엌으로 들여야 하기 때문이다.

한데 그는 미동도 하지 않았다. 방안은 소나기로 인해 흥건한데 뛰어갈 자세를 취하지 않았다.

소나기는 잠시 지나가는 비였다. 흙냄새를 남겨 놓고 신경의 올 사이로 감정의 골 사이로 급하게 지나가 버렸다. 소나기는 겁이 많았다. 자신으로 인해 나뭇잎이 떨어진다는 것을 알고 있었던 까닭이다.

나는 벌떡 일어섰다. 잠시 개었던 비가 다시 내리는지 유리문이 울었다. 유리창 밖에선 사람들 소리가 났지만 방안에서 젊은 남녀가 무엇을 하는지 관심도 없는 것 같았다. 손아귀에 땀이 차올랐다. 머리칼을 질끈 묶고 밖으로 뛰쳐나가려 했지만 몸이 말을 듣지 않았다.

나는 싸움에 진 오만한 수탉의 볏처럼 피를 철철 흘리며 그렇게 서 있었다.

그 후 30년. 돌이켜 보니 모든 것은 순간이었다. 아무런 자취도 없이 젊음은 가고 아늑함마저 기억에 없다. 한때는 그 아늑함이 그리워 문학이다, 음악이다 찾아 헤맸지만 그 어디에도 내가 찾는 아늑함은 없었다. 그러던 어느 날, 이화련의 수필 〈떠돌이에게 보내는 북소리〉의 한 대목이 여자에게 따뜻한 물 한잔을 건넸다.

"기럭지가 모자라는 이불을 덮고 누운 것 같았어. 목을 감싸면 발이 나오고, 발을 덮으면 목이 드러나는 그 서늘함이 평생의 그림자라니."

겨울 교향곡

가방 속에 설레는 마음을 꾸욱 눌러 담았다. 일상을 잠시 접고 동호인들과 집중적인 연습을 하는 것도 좋지만 이번에는 꼭 하고 싶은 일이 있다. 첼로를 어깨에 메고 서당골 관광농원으로 향했다. 뒤를 돌아보면 마음이 약해져 가정을 벗어날 수 없을 것 같아 마음을 질끈 감았다.

그러나 집시라고 해서 왜 구속이 없겠는가. 청주 시내를 벗어나 가덕을 지나며 어려움이 닥쳤다. 아침부터 내리는 눈으로 도로는 얼어붙고 날씨마저 흐려 앞으로 나갈 수가 없다. 자동차 바퀴에 감긴 체인도 헛발질만 한다. 애가 탄다. 얼마 만에 얻은 자유인데. 이번에는 꼭 해야 할 일이 있는데. 조급한 생각을 하는 순간 마주오던 자동차가 빙그르 돌다 앞에서 멈춰 선다. 사색이 된 운전자는 미원 쪽 도로가 꽁꽁 얼어붙었다고 알려준다.

중간에서 발이 묶인 것이 서운했지만 주변 마을은 동화나라다. 산 아래 옹기종기 모여 있는 농가에선 ≪이솝우화≫가 들려올 것 같고, 연기 나는 굴뚝으로 요정이 드나들 것만 같다. 일행은 동화나라의 주인공이 되기로 하고 할머니가 운영하는 민박집에 여장을 풀었다. 간간이 들려오는 염소 울음과 댓잎 부딪는 소리는 아름다운 경음악이다.

저녁을 짓기 위해 아궁이 속으로 밀어 넣은 볏짚이 호도독거리며 타들어 간다. 이따금 벼이삭에서 하얀 튀밥이 불거져 아궁이 밖으로 튀어나온다. 그 앞에 쪼그리고 앉아 튀밥을 주워먹는 동료들의 마음도 아궁이 속 불빛처럼 불거져 있음을 말하지 않아도 읽어낸다.

산골의 밤은 일찍 찾아왔다. 몇 채 안 되는 집들은 서둘러 대문을 닫고 할머니는 모처럼 찾아온 손에게 간식을 챙기기에 여념이 없다. 깊어 가는 밤 할머니를 위해 「한오백년」을 연주한다. 늘 들었던 음악인데 유난히 한 맺힌 선율로 가슴을 파고든다. 선율은 할머니의 볼을 타고 조용한 산골 마을을 뒤덮는다.

몇 달 전부터 별러 오던 일을 오늘은 꼭 해야 하는데. 다시 한 번 머릿속에 기억되는 전화번호를 떠올린다.

학창시절, 외가 마을 작은 예배당에서는 악기 소리가 들려왔었다. 토요일이면 한 시간 버스를 타고 한 시간 산길을 달려가 그 소리를 들었다. 습관처럼 예배당 마당에 앉아 지는 해를 바라보며 악기소리에 귀를 기울이면 낮고 부드러운 선율은 처음 듣는 사랑의 고백만큼이나 사춘기 소녀의 마음을 설레게 했다.

여름비가 소리 없이 내리던 날, 열려진 창으로 흘러나오는 소리는 깊은 고뇌와 슬픔에 차 있었다. 한동안 그 소리를 듣고 있다가 살그머니 문을 열고 안으로 들어갔다. 예배당 안에서는 나이 든 청년이 첼로를 연주하고 있었다. 숨소리를 죽인 채 한쪽 창에 기대어 바라보았다. 한 번도 들어보지 못한 곡이었지만 마음은 이미 그가 움직이는 활을 따라 깊이 빠져들고 있었다.

그 밤 쉽게 잠들지 못하고 대청에 앉아 불 꺼진 예배당 창문을 바라보았다.

훗날 그 곡이 「마태수난곡」이었음을 알게 되었고 늪 속으로 빠져들듯 첼로의 선율 속으로 빠져들었다. 깊고 중후한 선율은 말을 하지 않아도 마음을 알아주는 지기 같은 편안함이 들어있고 가슴 깊은 곳까지 파고들며 잊었던 기억을 되살려준다.

첼로 앞에 앉으면 기쁨, 환희, 슬픈 현의 감미로움에 젖어든다. 눈이 부시도록 햇살 좋은 날에는 비록 연주는 서툴지만 마음만은 멋진 첼리스트가 되어 활을 긋는다. 내게 다가오는 겨운 세상에 쉬고 싶은 날에도 첼로 앞에 앉는다. 빨랐다 느려지고 느려지는가 싶으면 다시 빨라지는 음률이 서로 엇갈리며 마음이 괴로울 때는 조용한 속삭임으로, 누군가 그리울 때면 따뜻한 시선으로 바라보는 인생의 길동무가 되었다.

회원들 모르게 밖으로 나왔다. 거사를 치르기 위해서다. 아침부터 내린 눈은 나뭇가지와 지붕 위에 푸지게 쌓였다. 염소는 잠을 자는지 조용하고 억세게 울던 까치 소리도 들리지 않는다. 오가는 이 없는 골목을 지나 사슴농장이 있는 큰길로 나왔다. 이따금 기다시피 지나가는 자동차뿐 마을은 정적이다. 담뱃가게 공중전화기 앞에 섰다. 전화기를 들었다.

"띠." 신호음이 난다. 주머니 속에 손을 넣었지만 잡히는 것은 아무것도 없다. 동전이 없다는 것을 조금 전에 확인했지만 모른 체한다.

지난봄 친척의 회갑연에서 우연히 예배당에서 본 그를 만났다. 그는 외사촌오빠의 친구였고 그가 건네준 명함에는 음대교수의 직함이 있었다. 며칠 동안 마음이 들떠있었다. 한 번쯤 전화를 걸어 당신 때문에 첼로를 배우게 되었노라고 이야기하고 싶었다.

'띠띠띠.'

'띠띠.'

'띠.'

눈을 뭉쳐 허공에 힘껏 던지고 왔던 길을 되돌아 달렸다. 겨울밤이 허리를 잡고 자지러진다.

세월은 반음씩 내려간다

젖먹이, 젖무덤, 젖몸살, 젖멍울, 젖꼭지, 젖비린내, 젖샘…….

젖으로 시작되는 토박이말이다. 곱씹어 볼수록 정겨운 낱말이지만 브래지어가 나오기 전까지는 치마 말기 속에 가려진 부끄러운 존재였다.

억눌렸던 것들의 반란일까. 젖가슴이 세상 밖으로 나왔다. 사람들의 눈에 잘 띄는 곳이라면 거기가 어디든 봉우리 쑥 내밀고 서 있다. 와이어의 형태에 따라 올리고 내리며 자신이 원하는 위치에 놓을 수 있다고 속삭인다. 그도 모자라 뽕을 만들어 풍선처럼 부풀리기도 하고 캡 속에 쏙 집어넣어 작게도 만드니 머잖아 한민족의 동그란 가슴은 간곳없고 요상한 모양의 젖무덤이 등장하지 않을까 웃음이 나온다. 진정 가슴 혁명의 시대인 것이다.

여성은 가슴에 대한 애착이 지나치다 할 정도다. 수유라는 생물학적인 기능을 다한 후에도 최소한의 젖무덤이 남아 여성임을 상징해 주기를 바란다. 나 역시 작아진 가슴을 보면 좀 서글픈 마음이 인다. 연분홍 피부, 터질 것 같은 엉덩이, 뽀얀 젖무덤은 앨범 속에나 존재할 뿐이다. 오죽하면 함께 온천욕을 하던 친정어머니가

"내 딸도 이제 나이를 먹는구나." 하셨을까.

나이 들어 생기는 현상이니 받아들이자 하면서도 이따금 빈약한 가슴을 보면 마음이 짠하다. 머리를 감으려고 고개를 숙이면 아래로 툭 떨어지는 홍시 같은 모양이라든지, 유방암 검사 시 기계에 물리지 않아 간호사가 애를 먹을 땐 그렇게 낯이 팔릴 수가 없다.

용기가 있다면 실리콘을 주입하든지 처진 가슴을 끌어올리는 수술을 통해 통통하고 뽀얀 젖무덤이 옷선 밖으로 보일 듯 말듯 섹시한 모습을 되찾겠지만 뽕 브래지어로 임시처방을 하고 있을 뿐이다.

젖은 유두에서 나오는 액체를 말하기도 한다. 어머니의 몸 안에서 떠밀려 나온 생명은 누가 일러주지 않아도 후각과 촉각을 동원해 젖꼭지를 찾는다. 어머니의 따뜻한 젖무덤에 얼굴을 묻고 젖을 빨며 세상에 대한 불안감을 잊는다. 둥글고 부드럽고 따뜻한 물체엔 모체의 기억과 그리움이

들어있기 때문이다.

내 나이 스물여섯 살 때 첫아이에게 젖을 먹이는 사진이 있다. 뽀얀 젖무덤이 드러났지만 천박하거나 야하지 않다. 아이는 젖을 먹으며 어미의 얼굴을 바라보고 어미는 사랑스런 눈으로 아이를 내려다보는 모습이 참으로 평화롭다. 그 사진을 들여다볼 때마다 내게도 그런 시절이 있었다는 사실에 감동한다. 그러나 그 아름다운 그림은 그냥 그려진 것이 아니다. 첫아이를 낳은 기쁨도 잠시 이틀 만에 젖몸살이 났다. 아이를 출산하면 젖은 그냥 덤으로 따라 나오는 줄 알았는데 젖도 나올 준비가 필요했던 것이다. 둥글고 말랑거렸던 젖무덤은 돌덩이처럼 딱딱하게 굳었다. 수천 개의 바늘이 피하조직을 찔러댔다. 그 통증은 온몸으로 퍼져 모든 근육을 납덩이처럼 만들었다.

어미는 대가없이 주어지는 것이 아니었다. 귀한 열매를 얻기 위해서는 그만큼의 고통과 노력이 필요했다. 신은 어미가 되는 내게 첫 번째 시험으로 산고를 주셨고, 두 번째 시험으로 젖몸살을 주신 것이다. 산통을 겪으며 세상에 산통만큼의 고통은 없을 것 같았는데 젖몸살 역시 산통만큼의 고통이었다. 산후조리를 해주던 시할머니는 이틀째 밥 한 톨 넘기지 못하는 산모에게 건장한 사람이 유두를 빨아 뭉친 근육을 풀어야 한다는. 모질고 원시적인 처방을 내렸다.

한참 성이 나 꼿꼿해진 유두는 입속으로 들어가 아우성

을 쳤다. 입술은 수백 개의 바늘이 돼 모든 피하조직을 건드렸다. 머리칼 끝까지 통증이 느껴졌다. 신음은 차라리 사치였고 눈을 뜨는 일은 고역이었다. 피가 철철 흐르는 상처에 불을 붙이는 느낌이 그럴까. 신도 남편도 할머니도 원망스러웠다. 그래도 어미는 그 일을 견뎌 냈다. 대한독립만세였다.

여기서 신의 역할이 끝난다면 나는 억울해서 어미의 역할을 포기했을 것이다. 그러나 신은 아이를 통해 수많은 풍경을 연출했다. 뻐근해진 젖을 손바닥으로 슥슥 문질러 아이 입에 물리면 아이는 작은 입을 열고 젖꼭지를 찾아 물었다. 두 주먹을 불끈 쥐고 힘주어 젖을 빨면 뽀얀 모유가 수돗물처럼 입속으로 빨려 들어갔다.

누가 그랬던가. 자식 입속으로 밥 들어가는 것과 내 집 논에 물들어가는 것을 보면 먹지 않아도 배가 부르다고. 그 순간 어미는 세상 부러울 것이 없었다. 봉긋해지도록 배를 채우고 잇몸으로 젖꼭지를 깨물며 잠속으로 빠져드는 풍경을 보며 나는 고통 중에 아이를 낳았다는 기억도, 불과 며칠 전 젖몸살을 앓으며 다시는 아이를 낳지 않겠다고 앙다물었던 다짐도 잊을 수 있었다.

아무리 바쁜 일이 있어도 아이가 배고파 울면 모든 일에서 열외되었고, 가슴을 풀어헤치고 잠이 들어도 흉이 되지 않았던 그 시절은 참으로 기특하고 갸륵하고 거룩한 세월이었다. 지금 생각해도 내가 세상에 태어나 가장 잘한 일은 자식을 낳고 모유 수유를 했다는 사실이다. 나는 그렇게 신이 어미를 위해 만들어 놓은 미끼에 보기 좋게 걸려들었던 것이다.

젖은 발음처럼 촉촉하다. 자극적이지 않고 거칠지 않다. 밖으로 튀지 않고 안으로 젖어든다. 들어도 따뜻하고 바라보아도 푸근하다. 그곳에 얼굴을 묻고 젖을 무는 행위가 없다면 젖은 그저 ㅈ으로 시작하는 자음에 불과하리라.

어저께 주문한 브래지어가 도착했다, 쇼 호스트의 말대로 나도 예쁜 가슴을 다시 찾을 수 있을 것 같아 서둘러 주문을 했었다. 두 개의 뽕을 줄 것이니 원하는 대로 크기를 조절하라고 했다. 나는 봉긋해진 가슴을 기대하며 두 개의 뽕을 끼워 납작해진 가슴에 찼다. 이상한 물질이 가슴에 부딪힌 어색한 느낌이라니. 가슴은 가슴대로 뽕은 뽕대로 따로 놀았다. 거울엔 두 개의 이상한 봉우리가 우뚝 솟아있다. 슬쩍 건드리면 우르르 무너질 것 같다. 뼈대 없는 곳에 지붕을 올린 격이다. 브래지어를 다시 포장하며 웃었다.

여성이 나이를 든다는 것은 신이 여성에게 주는 세 번째 시험이다. 가끔 저문 날 길 떠나는 나그네의 서글픔 같은 게 밀려오지만 견뎌야 하는 일이니 가난한 가슴 부여안고 시험을 견뎌낼 것이다.

여인의 세월은 반음半音씩 내려간다.

시인의 고향

얼마나 아름답고 꿈이 많은 곳인가. 유달산과 흑산도, 낙월도와 추자도의 빼어난 비경을 자식처럼 품어 안은 곳. 시인의 고향이 아니었다면 다른 관광지처럼 편안한 마음으로 여행길에 올랐을 것이다. 여느 때처럼 차가 밀리기 전에 출발하여 해수욕을 하고, 횟집에서 푸짐한 식사를 하며 푸른 바다에 취했을 것이다. 그러나 목포는 오래전부터 흠모해 온 시인의 고향이기에 사전 지식 없이 떠났다가는 어렵게 옮긴 발걸음이 허탈해질까봐 자료를 수집했다. 민중을 노래한 시구는 가슴에 통증을 느끼게 했고, 파란만장한 인생 여정은 화가 날 만큼 안타까웠다.

목포의 저녁나절은 평화롭기 그지없다. 정박한 고깃배는 작은 물살에 흔들거리고, 바다는 비릿한 내음을 묻히며 달려들었다. 어쩌면 시인을 맞아준 민초들의 모습인 양 가슴에 와 닿는다. 작고 아담한 역사와 복잡하지 않은 시내, 좌판을 벌이고 앉아 있는 노인, 친절한 택시기사는 처음 만나는 사람들인데도 낯설지 않다.

허름한 여관에 여장을 풀었다. 객지에서의 밤은 쉬이 깊어지지 않는다. 낡은 시집을 뒤적이며 잠을 청하지만 내일이면 시인을 만날 수 있을 것 같은 기대로 가슴이 설렌다. 그러나 어찌 시인을 만날 수 있겠는가. 마음을 누르고 선잠을 잔다.

다른 때 같으면 새벽잠에 취해 있을 시간 바다로 나갔다. 바다는 뜨거운 삶을 만들어 내느라 분주하다. 지난밤 모닥불을 피워 놓고 마지막 밤인 듯 거하게 생일 파티를 벌였던 젊은이들은 보이지 않고, 함지박을 옆구리에 낀 아낙들만이 생선을 사기 위해 바쁜 걸음이다. 어렵게 잡아 올린 생선 값을 조금이라도 더 받아 내려는 어부들과, 싼값에 생선을 사려는 아낙들과의 입씨름이 걸걸하다. 실눈을 뜨고 그 모습에서 시인의 민중을 찾는다.

> 사잣밥 주워 잡수시던 할머니의 갈퀴 같은 손/
> 죽어가는 조카 진국이의 시체를 묻으며/
> 뻘밭에 이마를 짓찧으시던 외할아버지의 통곡소리/
> 매장 당한 아버지의 시신을 찾기 위해 캄캄한 밤 송

장을 들추며 소리죽여 울었던 창남이/

이 아픔을 노래한 시인은 오랜만에 고향을 찾았다. 그들의 삶을 영화로 제작하기 위해서였다. 그런데 어쩔거나. 그보다 먼저 수갑을 들고 그의 고향을 찾은 이들이 있었으니. 그들은 민청학련사건에 연루되었다는 죄목으로 시인의 손목에 수갑을 채웠다.

생각만으로도 가슴 벅차고 눈시울이 젖어드는 고향은 누구에게나 한 폭의 수채화다. 달려가면 언제라도 맨발로 맞아주는 어머니와, 거친 손바닥으로 가려운 등을 긁어주는 할미가 있는 곳이다.

금의환향은 못 받을지언정 처자식 거느리고 떳떳한 가장으로 오고 싶었을 고향. 남들처럼 선물보따리 가득 들고 마을에 들어서면

"자네 신수 좋아졌네."

그 소리를 왜 아니 듣고 싶었겠는가. 학창시절 비췻빛 바닷가에 누워 별을 헤던 곳이 어찌하여 눈물의 바다요, 한숨의 바다가 되었을까. 그가 사람들의 손에 이끌려 고향을 떠나던 날 바라보았던 바다는 어떤 빛깔이었을까. 나라면 주저앉아 통곡했을 저 바다를 두고 어찌 떠났을까. 서글피 바라보는 바다는 아무 일도 없었다는 듯이 무심하게 물거품을 밀어낸다.

유달산 기슭에 아침 해가 떠오른다. 멀리 섬들의 형체가 아스라이 보이고 갈매기는 모래밭까지 날아와 먹이를 주워 간다. 스스로 채 먹으려 비상하지 않고 누군가 떨어뜨려 놓은 것을 주워 가는 뚜악한 몸짓이 권력자의 모습과 닮았다.

노인의 좌판에 앉아 홍합탕을 주문했다. 칼칼한 국물이 빈속을 타고 내려간다. 목울대까지 올라왔던 그 무엇도 함께 위장 속에 머문다. 잔을 들었다.

"과거는 흘러갔고 아픔만을 담고 살기에 당신의 고향은 너무 아름답습니다. 이제 모든 것을 잊으십시오."

허공을 향해 중얼거렸다. 시인이 보았더라면 아픔으로 보여졌을 좌판 노인께 술잔을 권하자 아침부터 웬 술이냐며 거친 손을 휘휘 저으면서도 달게 들이켜신다. 어쩌면 노인이 드신 것은 술이 아닐지도 모른다. 팔십 평생 싸워 온 인생을 담아 드신 것이리라. 손님이 오면 재빠르게 손을 움직이다가도 문득문득 바다를 바라보며

"이렇게 살다가 죽는 게 인생이여."

이제는 이런 모습도 시인의 눈에 그리움으로 보여졌으면 좋겠다. 어느 누군들 한 맺힌 시련 없이 세상을 살겠는가. 돈과 권력 꼭대기에서 흔들리는 것이 인생인 것을.

시인의 육체와 영혼이 아늑한 고향의 품에 안겨 낮잠이라도 한숨 늘어지게 자길 바라며 남도민요 한 소절을 흥얼거렸다.

어디선가 김지하 님이 다음 소절을 이어 부르며 다가올 것만 같은데 바다는 물거품만 밀어낸다.

동행

12월 2일.

성판악 초입에 발을 내디디며 한라산이 나를 받아들이고 있다는 것을 직감적으로 깨닫는다. 순간 마음을 짓누르던 두려움이 사라지며 나도 해낼 수 있을 것 같은 자신감에 산행 전문가들 틈새로 끼어들었다. 그것은 인간이 자신의 힘으로 어쩌지 못할 때 떼쓰듯 신께 떠넘기는 염치없는 맡김과도 같은 것이었다.

그때도 그랬었다. 약혼을 한 상황이었지만 나에 대한 확신이 서지 않았다. 뚜렷한 직업도 없이 한 남자에게 의지하며 살아야 하는 일이 부담스러웠고, 경제적으로도 넉넉지 못한 그에게 짐이 되는 것 같아 마음을 잡지 못하고 있었다. 그렇게 시간을 보내던 어느 날 그가 말했다.

"당신이 아무런 갈등 없이 나를 믿고 따라와 줬으면 해. 지금은 모든 것이 불투명하지만 다 좋아질 거야. 당신만 곁에 있어 주면."

왈칵 눈물이 쏟아졌다. 어떤 나무람도 원망도 아닌데 그냥 눈물이 났다.

한라산이 나를 받아들였다는 믿음으로 출발했지만 한라산은 역시 한라산이었다. 성판악을 지나 오솔길로 들어서자 부드러운 바람과 가문비나무의 행렬이 나를 맞이했다. 이렇게 아름다운 곳이 한라산이라며 부드러운 이끼와 싱싱한 산죽터널로 미끼를 던졌다. 미끼를 덥석 물고 일행들보다 앞서 걸었다. 그러나 사라오름을 지나며 안개비가 심하게 내려 힘을 잃기 시작했다. 숨이 목까지 차오르고, 땀은 빗물인 듯 흘러내렸다. 종아리는 금방이라도 끊어질 것 같았고, 짙은 안개비로 한 치 앞도 분간하기 어려웠다. 어쩌자고 산행 초보자가 예행연습도 없이 한라산 등반을 시작했단 말인가. 헛웃음만 나왔다.

1980년 그를 믿고 혼인을 했지만 결혼 생활은 생각처럼 달콤하지 않았다. 나라에 계엄령이 선포된 상황이었다. 새신랑은 신혼여행에서 돌아온 즉시 회사로 복귀했고 달콤하리라 여겼던 신혼의 밤은 두려움의 연속이었다. 일주일에

한 번 집에 들어오는 날도 상황은 마찬가지였다. 한밤중에 긴급 전화를 받고 나가면 며칠씩 소식이 없어 애간장을 태웠다. 그가 나라를 위해 무슨 일을 하는지 왜 집에 들어오지 못하는지 알지 못했다. 6개월 정도 비정상적인 생활을 하던 남편은 업무에 관련된 공부를 더해야 한다고 했다. 당시 월급의 절반은 시댁으로 보내야 했기에 패물을 팔아 등록금을 마련했다. 남편은 최선을 다했다. 직장인으로, 가장으로, 장남으로, 학생으로, 모든 것을 홀로 감당했다. 지방에 근무한다는 이유로 승진에서 밀려날 때도 혼자 괴로워하는 그를 위해 나는 아무런 도움을 주지 못했다. 그가 말했던 것처럼 언젠가는 다 좋아지리란 기대감으로 곁에 있어 주는 일 외에는.

두 시간 삼십 분 산행의 갈증을 진달래휴게소에서 해결한 뒤 다시 걸었다. 마음은 되돌아 내려가고 싶었지만 한라산이 나를 받아들였으니 목적지까지 책임을 줘 주리라 믿었다. 뒤도 옆도 보지 못하고 앞사람이 찍어 놓은 발자국만 되밟으며 걸었다. 그것을 잃어버리면 홀로 버려질 것 같은 두려움에 반대편에서 내려오는 사람이 건네는 인사도 받지 못했다. 정상이 어디에 있는지 얼마만큼 가야 하는지 묻지도 못했다. 몇 개월 전 수술로 인한 허리 통증이 수시로 밀려왔지만 걸었다, 정상을 향해.

죽을 것 같은 고통을 서너 차례 겪은 후 도착한 정상은 마취 상태 같았다. 어둠을 동반한 안개비와 매서운 바람으로 주목 군락지는 얼어붙었다. 난간을 붙잡고 고꾸라졌다. 심한 구토와 어지럼증으로 세상이 빙글거렸다. 얼마를 기다렸을까. 사라졌던 햇살이 모습을 드러냈다.

누군가 터벅터벅 걸어가며 찍어 놓은 고단한 삶의 발자국이 끝없이 이어졌고, 산등성이는 허물이 벗겨져 있었다.

그동안 살아오면서 나는 남편에게 큰소리만 쳤다. 산을 좋아한다고, 신앙을 갖지 않는다고, 술을 마신다고, 왜 장남이 다해야 하느냐고. 빠져 나갈 수 없는 그물을 쳐 놓고 다그쳤다. 다그치면서도 나는 알고 있었다. 남편의 잘못이 아니라는 것을. 충분히 이해하고 지나갈 수 있는 문제들이라는 것을. 하지만 나는 다그쳤다. 그 다그침은 나에 대한 다그침이었다. 나의 무능함에 대한 변명이었다. 그만 의지하고 살아온 것에 대한 미안함이었다. 그런 나를 받아들일 용기가 내게는 없었던 것이다.

그때 연인의 모습 그대로 두었어야 했다. 둑길에 앉아 있던 꿈 많고 정 많은 연인의 모습 그대로 좋았었는데. 그 안과 밖에 무엇을 덧칠할 것 없이 아름다운 수채화였는데, 결혼이라는 크레파스로 덧칠을 한 것이다. 결혼을 하면 더 아름다운 그림이 그려질 줄 알았는데. 백록담 정상처럼 바람도 있고 상처도 있다는 것을 몰랐다.

백록담 대피소에서 점심과 따뜻한 커피를 마시자 꿈에서 깨어나 듯 몸이 풀렸다. 관음사 쪽으로 하산을 서둘렀다. 올라온 만큼의 거리를 알아서였을까. 내려가는 일은 그리 고통스럽지 않았다. 누군가 친절하게 나무와 나무 사이에 묶어 놓은 동아줄을 잡고 내려오며 주변을 돌아볼 여유가 생겼다. 산은 매력덩어리였다. 웅장한 바위와 첫사랑 같은 오솔길은 독특한 빛깔로 가슴을 출렁이게 했고, 잎새를 수북이 떨어뜨린 은사시나무, 가문비나무, 가시나무, 서어나무, 신갈나무의 모습은 그동안 보아온 어떤 나무보다도 허허로웠다. 비바람이 몰아칠 때마다 묵직한 울음을 토해 냈지만 크게 흔들리지 않았다. 한라산 날씨의 변덕쯤은 이미 알고 있는 모습이었다. 오래 함께 산 부부가 서로에 대해 훤히 알듯이.

남편은 2년 전부터 서울 본부에서 근무한다. 아내 치맛자락을 박차고 밖으로 나가는 젊은 나이가 아니기에 당황했지만 그가 정해 놓은 목표를 위해 받아들였다. 남편이 없어 불편한 일이 많지만 그래도 남편 대신 할 수 있는 일이 있어 기쁘다. 못질도 하고, 전구도 갈아 끼우고, 대문 페인트칠도 하고, 명절에 인사치레도 한다. 남편 직장 동료 아내들과 만나는 일에 나타나던 알레르기 반응도 사라져 너스레를 떨기도 한다.

주말이면 내려왔다 일요일에 올라가는 남편의 뒷모습을 바라보며 부부간에 용서하지 못할 일도 참지 못할 일도 없다는 것을 깨달으며 나이 들어감을 실감한다.

누군가와 함께하는 일은 통증이 있어야 단단히 여문다고 했던가.

3부

배알 꼴리거든

세상이 그대를 아프게 하는가. 미운사람을 용서할 수 없는가. 등에 진 짐이 무거워 주저앉고 싶은가. 이렇게 유치한 단어들이 며칠 마음속을 지배하면 그것은 이미 저수지가 홍수 조절 능력을 상실한 상태다.

잠시 하던 일을 멈추고 속리산 자락에 자리한 식당에서 조껍데기 술을 마셔볼 일이다. 지에밥에 누룩과 차조를 넣어 발효시킨 술은 백미의 향이 적고 취기가 빨리 올랐다 내린다. 일반 막걸리와 달리 쌉쌀하고 고소한 맛은 걸쭉하고 부드럽게 목젖을 타고 내려간다. 안주 역시 일미다. 노릇노릇 지져낸 감자전과, 파전은 눌린 신경을 일어서게 하고, 곰취, 곤드레, 당귀, 고사리나물은 배배꼬인 오장육부를 되살아나게 한다.

충북 사람들은 조껍데기 술을 줄여 조깐술이라고 한다. 예를 들어 '잠시 실례하겠습니다.'를 '좀 봐유.' '이 콩깍지가 깐 콩깍지인가 안 깐 콩깍지인가.'를 '깐겨 안 깐겨.'라고 하는 것처럼 말이다.

조깐술을 조금 센 발음으로 하면 좆깐술로 들리기도 하는데 이 술은 계절을 가리지 않는다. 봄비가 내리면 옛 동무를 불러내고, 여름이면 이웃과 뚝배기에 가득 부어 즐긴다. 좋은 이들과 나누다 보면 술맛보다 말맛에 취하여 술자리가 길어진다.

한두 잔 건배가 이루어지고 서너 차례 잔이 건네지다 보면 신기한 마술에 걸린다. 마술에 걸린 이성은 현실의 슬픔과 고통을 몰아내고 현재의 시각으로 멈춰 서있게 한다. 체면치레하느냐 보이지 않던 세상이 전혀 다른 느낌으로 다가오기도 하고 평소 내지 못한 객기를 부리기도 한다. 팔자걸음으로 속리산을 향해 조용필의 「돌아와요 부산항」을 불러 젖히고, 은행나무를 향해 물건을 들이대고 한 줄기 시원한 분수를 뿜어대기도 한다. 그 순간만큼은 세상이 두렵거나 무겁지 않은 것이다.

지난가을 전국에서 모인 동기들과 속리산 등반을 했다. 산행을 마치고 하산 주를 마시러 식당에 갔다. 나는 충북을 대표하는 술을 권했다. 각자 앞에 놓인 술잔에 술이 채워지고 무사 산행을 기념하는 건배 제의에 맞춰 모두 한 잔씩

숨도 쉬지 않고 들이켰다. 친구들은 무슨 술이 이렇게 맛이 있느냐며 물었다. 나는 요염하게 화답했다.

이 술은 원래 조껍데기 술인디 청주 사람들은 이를 줄여서 좆깐술이라고 햐. 나는 좆깐술에 콧바람을 넣어 말했다.

좆깐술이라, 어쩐지 좆나게 마싯네—. 일행은 식당이 떠내려가도록 웃어 젖혔다. 노르스름한 조깐술이 거무튀튀한 좆깐술로 격하되는 순간이었다.

조깐술이 좆깐술로 바뀌자 이름표도 직함도 우수수 떨어져 내렸다. 체면도 가면도 훌렁 벗겨놓았다. 이루어지지 않은 꿈을 규탄하고 있었다. 세상에 돌아다니는 돈을 헌 신짝처럼 버리고 있었다. 이때 누군가의 입에서 육두문자가 튀어 나왔다. 처음 가볍게 시작된 육두문자는 시간이 깊어갈수록 농익었고 그에 비례해 분위기 또한 짙어져 갔다. 술잔에 달이 뜨고 이슬이 내려도 이야기에 취해 휘청댔다. 누구 하나 나무라거나 못마땅해 하지 않았다. 모처럼 조깐술 한 잔 앞에서 무거운 세상을 내려놓고 있었다. 누구라는 이름 대신 학창시절로 돌아가 새로운 꿈을 꾸는 듯했다.

오래전부터 욕은 성을 빗대어 사용됐다. 특히 남성의 성기를 빗댄 욕이 많았다. 가진 것이 없을 때 가진 것이라곤 불알 두 쪽 밖에 없다느니, 용기 없는 사내보고, 불알만 찼다고 다 남자냐,라고 비아냥댔다. 그 두 쪽을 가진 죄로 평생 그곳에 땀이 나도록 일해야 처자식을 건사할 수 있다.

그래서일까. 남성들은 신세타령을 할 때, 좆나게 힘들다, 라고 한다.

사람들은 살다가 꼴사나운 일을 당하면 악의 없이 '좆까네' 라는 말을 내뱉는다. 이리저리 따지며 상처를 주고받는 대신 한마디 툭 내뱉으며 마음을 정리한다.

좆이라는 것은 죽었다 싶다가도 어느 순간 민항기 대가리처럼 불쑥불쑥 솟아나는 것이 아니던가. 짱짱한 연장이 되어 서너 마지기 논 후딱 갈아엎지 않던가. 사는 일이 불쑥불쑥 솟아나는 좆만 같다면야 무엇이 두렵겠는가. 꼴사나울 일이 무엇이겠느냐 말이다.

자본주의 사회에서 살아남으려면 시원한 배설이 필요하듯 아주 가끔 조깐술을 핑계 삼아 서너 마디의 욕으로 세월을 비웃어 보면 어떨까. 이것 또한 소비문화가 되지 않을까.

끝없는 욕망과 채워지지 않은 욕심, 버려지지 않은 욕심, 이것을 어떻게 배설할 수 있겠는가. 고상한 척 고운 말만 쓰고 살 수 있겠는가.

배알 꼴리는 일이 있는가. 세상이 그대를 아프게 하는가. 속리산에서 조깐술에 취해 볼 일이다.

누가 알겠는가. 좆깐술 한 잔에 죽었던 그것이 불쑥불쑥 솟아오를지.

착각이라구

남편을 바꾸고 싶을 때가 종종 있다. 그가 손을 대면 고장 난 라디오가 소리를 내고, 형광등이 번쩍 들어오는 재주꾼이었으면 좋겠다. 나와 상관없는 사람에게는 무뚝뚝하고 가족들만 사랑하는 차가운 남자였으면 좋겠다.

남편이 AB형이라고 말했을 때 재주가 많을 것이라고 믿었다. 무엇이든 난처한 일은 해결할 줄 알았다. 착각이 아니었다.

결혼식을 마치고 신혼여행 일정은 다음날이었다. 친구들과 뒤풀이를 마치고 숙소로 들어가는데 5-6명의 건장한 사람들이 우리를 에워쌌다. 그들이 요구하는 돈을 주면 위기를 모면할 수 있는 상황이었지만 남편은 그들을 몇 발짝 떨어진 곳으로 데려갔다. 그리고 이내 돌아왔다. 상황으로 보아 돈은 주지 않은 것 같았다. 그때 남편이 어떻게 그들을 돌려보냈는지 알 수 없지만 참으로 믿을 만한 사람이었다.

그랬던 남편은 신혼 초부터 집안일을 피했다. 전기가 나가고, 텔레비전이 말썽을 부리면 기술자를 부르라고 했다. 처음엔 바빠서 그러려니 했는데 전구를 갈아끼우는 일까지 부탁하니 의심이 가기 시작했다. 의심이 가면 베일을 벗겨보는 것. 드디어 전구가 나가고 퇴근한 남편에게 부탁을 했다. 면장갑 끼고 두꺼비집 내리고, 의자 가져다 놓고, 선글라스 끼고. 전구를 갈기 위해 남편이 준비한 것들이다. 그 밤 나는 못 볼 것을 보고 말았다. 랜턴 아래서 떨고 있는 손을.

이쁜이면 남편을 바꾸고 싶어 하는 나에게 문제가 있다고 할 것이다.

못질하다 손톱 치고, 세차하며 상처내고, 쌀통 들다 엎지르고, 잔디는 쥐 파먹은 것처럼 잘라놓고, 상추며 쑥갓 싹을 풀이라며 뽑아버린다. 이제 좀 상상이 갈 것이다. 내가 속터지는 이유를. 마음씨 고약한 놀부도 이러지는 않을 것이다.

이 정도는 애교로 봐줄 수 있다. 한데 왜 그리 인정은 많은지 모르겠다.

택시기사에게 친절하기, 술집 아가씨들 챙겨주기. 선후

배 돌아보기. 마음 줄 곳이 한두 곳이 아니다. 이런 친절이 주는 것으로 끝나면 좋으련만 되로 주고 말로 되돌아오는 경우가 종종 있다. 가만히 듣고 있으면 택시기사는 남편을 무시하는 말투이고, 술집 아가씨들은 오빠, 아빠라고 부르며 수시로 전화를 한다. 물론 좋다. 사내대장부라면 태산을 품어야 하는데. 여인네들쯤이야. 스스로 위로하다가도 복장이 터질 때가 있다.

늦은 밤, 술집으로 불러 낼 때다. 그럴 땐 술이 너무 취했다거나, 돈이 떨어졌을 경우다. 화장을 지운 호박꽃이 분칠한 장미꽃 앞에 나서는 일이 어디 기분 좋은 일인가. 꽃을 사들고 술집에 들어서면 아가씨들은 온갖 감언이설로 나를 무너뜨린다. 아줌마쯤이야 먹다 남은 식은밥으로 여기는지 물 붓고 훌훌 마셔버리려 한다. 그 일도 되풀이되니 견딜 만했다.

그러면 참고 살아야지 어떻게 하느냐 타이르고 싶으시겠지만 이야기를 끝까지 들어봐 주시길 바란다.

정말 속 터진 사건이 일어났다. 가족들과 상의도 없이 명예퇴직을 신청한 것이다. 평소 이사관이 되면 후배를 위해 멋지게 물러나겠노라고 했지만 그냥 하는 소리겠지 생각했었다.

생각보다 마음이 약하고, 늘 큰소리치지만 실은 세상 유혹에 넘어가 실수도 많이 하고, 어려운 일이 생기면 어린애처럼 신에게 매달리는 남자. 일류 앞에서는 꼼짝 못하다가 이류 앞에서 목에 힘주며 교만과 열등감 사이를 오가는 두 개의 얼굴을 들키기도 하는 남자. 길을 잃어도 묻지 않고 싸움이라면 심줄이 끊어져도 달려드는 자존심 강한 남자. 이겼을 때는 계속 이기지 못할 것이 두렵고, 졌을 때는 다시 질 것을 두려워했던 남자. 능력이 없어 처자식, 남들 앞에서 비참하게 만들까봐 온갖 수모를 참아왔던 남자. 말로는 민족 운명이 어떻고 대의가 어쩌고 하지만 현실에서는 식사비 조금 아끼려고 벌벌 떠는 남자. 앞서가는 선배보다 치고 올라오는 후배를 더 두려워하던 남자. 그래서 아내 아닌 여자를 사랑해보기도 하고, 술에 취해 가족에게 상처를 준 남자.

성공을 위해 달려 왔지만 정작 고지에 이르렀을 때 밀려드는 공허감을 감당할 수 없었던 것일까. 도대체 이 남자는 무엇을 위해 인생을 살아온 것일까.

나는 내심 걱정도 되었지만 남편의 결단력과 용기에 박수를 보내고 말았다. 사표는 멋지게 수리되었고 남편의 35년 공직생활엔 동그랗고 까만 마침표가 찍혔다.

그럼 평생 가족을 위해 헌신한 남편을 위해 아내된 입장에서 돌봐 주어야지 남편을 바꾸겠다는 그런 망말이 어디 있느냐고 나무라시겠지만. 아직 할 말이 남아 있다.

그동안 고생했으니 여행도 하고. 좋아하는 책 실컷 읽으면 좋으련만 왜 내 영역을 조금씩 침범하는지 모르겠다. 누가 설거지해 달랬나. 빨래 널어 달랬나. 장바구니 들어 달랬나….

게다가 못질도 내가 하고 무거운 짐도 내가 들었는데 왜 머리칼은 하얗고, 등은 굽었는지 모르겠다. 왜 아가씨 있는 술집보다 오리집을 더 좋아하는지 모르겠다. 왜 현관에 벗어 놓은 구두를 들여다보고 있으면 신파를 쓰지 않아도 신발 속에 안쓰러움이 들어 있는지 모르겠다. 왜 시린 내 발이 남편의 겨드랑이 속에 들어가야만 녹아내리는지 모르겠다.

이런다고 남편을 바꾸고 싶은 마음이 바뀐 것은 아니다. 지난 공직생활 동안 성공 · 실패 · 칭찬 · 비난 · 신뢰 · 배신 · 로맨스 · 모함을 겪으며 한 편의 시를 멋지게 쓴 이 남자를 정말 어떻게 해야 할지 모르겠다는데 문제가 있는 것이다.

—한데 착각이라구? 남편도 아내를 바꾸고 싶어 한다고?

-

고추잠자리 울음 들리지 않은가

어린 날의 가을엔 고추잠자리가 있다. 장마가 물러가고 벼이삭이 꽃을 피우면 고추잠자리가 날아들었다. 떼를 지어 고추밭이며 코스모스 길가를 날아다녔다. 잠자리 떼는 파란 하늘을 천천히 비행하다 잽싸게 원을 그렸고, 수숫대에 앉아 동그란 눈을 이리저리 굴렸다. 이때쯤이면 아이들은 약속이나 한 듯 제 키만 한 싸리비를 들고 잠자리 사냥에 나섰다. 소탕작전이라도 벌이는 병사들처럼 함성을 지르며 하늘을 쓸고 다녔다. 갑자기 복병을 만난 잠자리는 민방위 훈련이라도 받아 두었던지 보란 듯이 싸리비를 피해 높이 날아올랐다. 과학적이었다. 높게 오르는 척하다 낮게 곤두박질하여 아이들의 함성을 불렀고 그 함성이 싸리비와 함께 하늘을 치솟을 때 수직으로 차고 올랐다. 자치기 계산

법밖에 모르는 아이들이 1초에 30번의 날갯짓을 하는 잠자리 훈련을 당해내는 일은 버거웠다.

얼굴이 붉어지고 목에 검은 물이 흘러야 그들의 전략을 감지했다. 잠자리는 아침 이슬이 마르기 전에 힘이 없다는 사실을….

이슬을 머금은 잠자리는 맥을 못 춘다. 날개 몇 번 푸드득거리다 이내 아이들의 포로가 된다.

창호지처럼 투명한 잠자리 날개 속에는 가을의 비정非情이 숨어있었던 것이다. 날개가 투명할수록 몸놀림이 민첩할수록 포로를 다루는 아이들의 마음은 잔인해졌다. 손아귀에 들어온 포로를 바라보며 냉정한 웃음을 지었다. 가을은 처참한 아름다움이었다.

포로는 이미 알고 있었다. 아무리 저항해도 적군의 손을 벗어나기 어렵다는 사실을. 그저 적군의 법에 따라 순종해야 한다는 사실을. 자신의 의지와 상관없이 거룩한 죽음을 포기해야 했다. 먼저 날개 한쪽이 잘려나갔다. 날지 못하는 잠자리는 이미 잠자리가 아니다. 흙바닥에서 바르닥거리는 모습을 보며 아이들은 쾌감을 느꼈다. 쾌감은 더 강한 쾌감을 요구한다. 빨갛고 부드러운 꼬리를 잘라내고 그곳에 싸리비 줄기를 끼웠다.

이제 아이들은 잠자리를 날리는 일에 쾌감을 건다. 잠자리 꼬리 대여섯 마리 손에 들고 하늘을 향해 날리지만 이내 발아래로 맥없이 떨어진다. 그것으로 끝이다.

쾌감은 잠자리의 죽음과 동시에 사라졌던 것이다. 손가락에서 바들거리는 촉각을 느끼기 위해, 눈앞에서 굳어가는 꼬리를 보기 위해 빗자루를 들었던 것이다. 허공에서 비행하는 날개를 정복하기 위해 사냥에 몰두했던 것이다. 가을이 가면 까맣게 잊히는 유희의 일부가 삶의 연속이었음을 몰랐던 것이다.

가을이 익어 손등에 시커먼 때가 덕지덕지 붙으면 들판엔 고추잠자리 시체가 널브러졌다. 시체 위의 시체. 체온이 식지 않은 수많은 잠자리들. 그 곁에 피어있던 코스모스 무리. 가을이었던 것이다.

코스모스를 닮은 아이들은 하나둘 도시로 떠났다. 학비를 벌기 위해 달콤한 잠을 포기했고 남자와 여자가 다름을 배우며 청년이 되었다. 어른은 왜 공경해야 하는지 자식은 어찌 훈계해야 하는지 인간의 도리를 알아가며 어른이 되었다. 서리 내리기 전 가을걷이를 위해 무엇을 해야 하는지, 통장의 잔고를 비우지 않기 위해 어찌해야 하는지 경제관념도 익혔다.

비정한 가을은 그렇게 아이들을 성장시키며 깊어 갔던 것이다. 붉디붉은 고추잠자리 꼬리가 쌓여가는 만큼 가을은 무서리를 불러 오고 있었던 것이다. 생은 휘어진 대로 길이 되고 높낮이대로 언덕이 된다는 이치를 터득했던 것이다. 이미 슬픔을 정해 놓고 툭하면 눈물 짜는 약한 아이들이 아니라 처참히 죽어간 잠자리 꼬리를 보며 이를 악물었던 것이다. 찢어진 날개에서, 잘려나간 머리에서 삶의 처절함을 배웠던 것이다.

그리고 역사의 한가운데서 가난을 몰아내고 민주화의 주역이 되었다. 지난날의 가난과 아픔을 덧칠하지 않고 가슴 울리는 아름다운 삽화로 그려 낸 것이다. 아픔을 드러내는 일이 용기라는 것을 그들은 알고 있었기 때문이다.

이들의 삶이 세상을 적시는 단비가 아니어도, 이들의 대화가 영혼의 때를 씻어내는 명언이 아니어도. 토란대 위에 피어올랐던 이슬방울이 한데로 모아지듯, 고추잠자리 떼 지어 다니는 곳으로 돌아왔다. 세현 예자 우준 성례 영수 경희 용성 상남 옥례 순상 원춘 규수 창기 옥경 춘란 처관 복남 진석 만길 영자야

기도해야 할 것 많은 이 가을 고추잠자리 울음 들리지 않는가.

거기 누구 없소?

이제 조금 알 것 같다, 냄새만으로도 알아차릴 수 있는 것이 많다는 것을. 더부룩했던 속도 허기를 느끼게 하는 빵 굽는 냄새, 30년 넘게 드나드는 교회 다락방 냄새, 낡은 책에서 뿜어내는 곰팡이 냄새, 손녀에게서 나는 생명의 냄새, 그들의 실체는 볼 수 없지만 불명료한 쾌감과 자극으로 알아차린다. 상쾌하다, 향기롭다, 불쾌하다, 설레게 한다와 같은 느낌으로 말이다.

특히 멋진 남자가 피우는 담배연기는 향수처럼 마음을 설레게 한다. 깊이 들이마시면 마실수록 알 수 없는 저 깊은 곳의 세포를 건드려 지그시 눈감게 한다. 그 순간 나도 한 번 담배를 피워 보고 싶지만 아직 실행하지 못했다. 여성흡연에 대한 사회적인 편견이 두렵고 내 삶의 굴레를 벗어날 용기가 없기 때문이다.

엄숙하고 금해야 하는 것 많았던 10대. 나는 반란을 일삼는 문제아였다. 어른들이 말리면 말릴수록 짜릿한 쾌감을 느꼈다.

부모님이 출타한 오후. 무료함을 달래줄 일을 찾던 내 눈에 들어온 담배는 충격적인 존재였다. 망설임 없이 매끄럽게 쭉 뻗은 몸통에 성냥불을 붙였다. 순간 겁이 났지만 이미 빨갛게 타들어가는 담배는 자제력을 무너뜨렸다. 입술은 매끈한 몸뚱이를 힘껏 빨아들였다. 하얀 연기가 몸속으로 쑥 들어갔다. 쏴한 느낌이 들었지만 늘 먹었던 음식물처럼 목을 타고 매끄럽게 넘어갔다. 눈물도 재채기도 나오지 않았다. 담배의 DNA과 나의 DNA는 이미 일치하고 있었던가. 그 이후는 나도 모른다. 마술사에 이끌려 팔다리가 잘리는 예쁜 여인처럼 내 영혼은 흔들리고 있었다. 입에서 연기가 나오고 또 나오고 담배 한 개비가 다 타들어가도록 노련한 애호가처럼 책상에 걸터앉아 담배를 먹었다. 맛이 없었다.

모처럼 얻은 기회를 허망하게 끝낼 수 없었다. 다시 담배에 불을 붙였다.

세상 사는 일이 기대만큼의 감동과 슬픔을 불러오지 않다는 것을 그때 알았어야 하는데 그것을 모르고 담배를 먹었다. 한 개비 또 한 개비 세 개비를 먹어 방안에 연기가 자욱하도록 부모님은 돌아오지 않았고 나는 담배에 패하지 않았다. 몰래 한 일 치고는 쾌감이 일지 않았다. 시시한 놀이에 투덜거리며 잠근 방문을 열고 대문 빗장을 열며 헤실헤실 웃었다.

나는 담 배피우는 남자를 옹호한다. 아버지는 복숭아밭 밭둑에 앉아 담배를 피우셨다. 이른 봄 전지를 하다 힘겨울 때도, 복사꽃 흐트러져 마음이 부를 때도, 출하를 앞둔 복숭아가 태풍으로 인해 밭이랑에 벌겋게 떨어졌을 때도 담배와 함께하셨다. 담배 한 대 깊게 들이마시고 한숨 한번 길게 내쉬며 다시 힘을 얻곤 하셨다. 담배는 어떤 위로보다 아버지의 심리적인 고통을 덜어주는 대상이었다.

팍팍하고 불합리한 세상을 살며 많은 사람들은 위로받을 무엇을 찾고 있다. 사랑 · 술 · 인터넷 · 도박 · 책 · 속도감 · 관계.

애호가들은 담배 한 대가 주는 위안에 대해 말한다. 담배 연기가 몸속을 훑고 지나가면 날카롭던 신경이 누그러지고, 견딜 수 없는 자괴감이나 외로움이 희미하게 사라진다고. 힘든 노동 후 작업복에 쌓인 먼지를 털어내며 피워 문 한개 피의 담배 맛을 아느냐고. 어렵게 따낸 계약서를 가방에 넣고 그 충만함에 피우는 담배 맛을 아느냐고. 불편한 사람과 어색하게 이어가는 대화의 공백을 채워주는 담배 한 개비의 위력을 아느냐고. 축 늘어져 있던 세포들이 일제히 환호성을 울리고, 긴장되었던 근육이 이완되는 느낌을 아느냐고. 나는 한동안 이런 남자들에 열광했었다. 첫사랑의 남자는 담배 피우는 옆모습이 멋진 남자였다.

인간의 감각은 많은 것을 기억하고 확장시킨다. 때론 그 기억이 구속과 속박이 되기도 하지만 아름다운 구속이 되기도 한다.

서 너 살 무렵 담배 깡통을 가지고 놀지 않았다면, 첫아이의 입덧을 담배 냄새가 가라앉혀 주지 않았다면, 지금 금연을 지지하고 있을 것이다. 인간은 늘 정의 편에 서기를 원하니까.

이제 조금 알 것 같다. 세상은 어느 편에 서도 한쪽이 기울어지고, 여자의 발등을 보면 허벅지를 보았다고 능청 떤다는 사실을. 그래서 나도 이젠 능청을 떨며 살아 보기로 했다. 지금까지 내가 그어 놓은 선 밖으로 넘어가는 일이 쉽지 않겠지만 용기를 낼 것이다. 닥치지 않은 미래에 대해 걱정하지 않고, 젊은이들의 싱싱함 앞에 주눅 들지 않을 것이다.

누구의 노래처럼. "내 나이가 어때서 사랑하기 딱 좋은 나인데."

그래서 생명의 질서를 존중하라는 신의 엄명에 대해 고개 끄덕이며 또 다른 꿈을 꾼다. 그 꿈 세 번째 '70이 되면 담배를 피워 보고 싶다.' 를 집어넣었다. 지나온 삶을 예찬

하고 의연한 정신으로 살기에 담배만큼 좋은 친구가 없을 듯해서다. 담배의 깊은 맛은 몰라도 폼은 멋지게 잡고 싶다. 입술로 담배를 물며 턱을 앞으로 쑥 내밀지, 이빨로 지그시 하얀 몸뚱이를 깨물어 볼지. 그도 아니면 혓바닥에 올려놓고 입술 귀퉁이로 몰아갈지는 생각 중이다. 그 생각만으로도 뒷목이 근지럽다.

재떨이는 이미 준비해 뒀다. 오래전 친정시골집에서 가져온 사기대접이다. 조선시대에 만들어진 것으로 아래 굽이 조금 깨졌지만 하얀 바탕에 물빛 그림이 멋지다.

그곳에 내 늙음의 흔적들을 담아내고 싶다. 보헤미안이나 집시처럼 담배를 목숨처럼 사랑하지는 못하겠지만 적어도 양치질로 위장하거나 담뱃갑을 숨겨 담배에게 염치없는 일은 하지 않을 것이다. 단지 손가락이 짧고 코가 낮아 담배 문 모습에 입체감이 없을 것 같아 염려되지만, 밭고랑에 걸터앉아 고개를 좌로 젖히고 담배를 피우는 노파처럼, 느티나무 아래 앉아 무료한 여름을 이기기 위해 담배를 문채 졸고 있는 노인처럼 당당할 것이다.

"거기 나와 친구할 사람 없소?"

여름은 그렇게 가고 있었다

볼 수 있는 것은 축복이다. 선명하게 본 것은 시이고 예언이며 종교가 될 수 있다는 말에 공감한다. 시각적 이미지는 감정을 건드리는 도화선이기 때문이다

인터넷 창을 검색하다 강동원이 내게로 달려들어 헉 소리를 내며 뒤로 물러선 적이 있다. 그 슬픈 눈이 나를 쏘아보며 달려들 때 어찌나 가슴이 뛰던지. 감각 전체가 깨어나는 느낌을 받았다면 지나친 과장일까. 그 뒤 그가 나오는 영화에 열광하며 그가 웃으면 나도 웃고 그가 절규하면 따라 절규하고 있는 중이다.

그 느낌과는 조금 달랐지만 베란다에 등장한 방아깨비는 또 다른 신선함이었다. 어떤 경로를 통해 베란다 고춧잎사귀로 날아왔는지 알 수 없지만 내 집에 찾아온 생명이 무척

반가웠다. 내가 곤충을 반가워한다는 사실이 더욱 신기했다. 그만큼 여름은 습하고 지루했던 것이다. 세월호 문제는 날마다 이슈가 되고 있지만 무엇 하나 해결되지 않았고, 아파트 장애인 주차공간에 짐을 내리기 위해 잠시 주차했다가 과태료 팔만 원을 냈으니.

녀석은 새끼손가락 한마디만 했다. 고 작은 몸이 어찌나 폴짝거리는지 녀석의 행방을 찾으려면 오금이 저렸다. 게다가 먹성까지 좋아 하룻밤 사이 서너 장의 고춧잎에 구멍을 내놓았다. 나는 먹성 좋은 녀석이 마음에 들었다. 고추가 달리지 않은 것이 퍽 다행스러웠다.

이삼일에 한 번 쌀뜨물에 영양제를 섞어 고추 화분에 주었다. 녀석은 통통하게 살오른 고춧잎을 옮겨 다니며 포식을 했다. 여름은 그렇게 살을 찌우는가 보다.

날마다 녀석에게 말을 걸었다. 날씨가 좋다느니, 모임에 갔는데 뭐가 어쨌다느니. 주절거리면 녀석은 내 말을 알아듣는지 큰 눈으로 나를 바라보았다.

나는 사랑에 빠져 버렸다. 하루라도 녀석을 보지 않으면 일이 손에 잡히지 않았다. 고춧잎에 구멍이 없는 날은 외출도 미루며 상태를 관찰했다. 녀석은 몇 시간씩 미동도 하지 않았다. 그러면 나도 풀이 죽었다.

여름은 그렇게 사랑하기에 딱 좋은 계절이었던 것이다. 꽃과 나뭇잎은 제풀에 겨워 지중해 푸른 물을 끌어들이고 나팔꽃은 염치도 없이 신혼부부 창을 타고 올라 꽃을 피웠다.

손가락 두 마디만큼 자란 녀석은 제법 청년티를 갖추었다. 긴 대머리에 툭 불거진 눈매는 냉정한 자존심 같고, 매끈한 다리와 쭉 뻗은 날개는 웬만한 화보에도 어울릴 것처럼 멋스러웠다. 촉각은 날마다 발달했고 커다란 눈망울은 또렷해졌다. 턱은 날렵하고 주둥이 끝에 달린 수염은 굵어졌다. 허벅마디에도 근육과 살이 붙어 제대로 방아를 찧을 것 같았지만 나는 다리를 잡지 않았다.

녀석은 허우대만 컸지 덩칫값을 못하기 때문이다. 메뚜기가 방아깨비를 잡아먹는다는 이야기는 들었어도 방아깨비가 자기 몸보다 작은 메뚜기를 잡아먹었다는 소리는 듣지 못했다.

긴 다리를 가졌으나 멀리 뛰지 못하고, 목과 몸이 붙어 옆도 멀리도 보지 못한다. 어린 시절 나는 보았었다. 닭의 주둥이에 물려 내동댕이쳐지는 모습과, 내 손에서 살육당한 수많은 방아깨비를.

친구들과 둑방에 줄지어 서서 누구의 방아깨비가 방아를 많이 찧는지 내기는 늦여름 신나는 놀이였다. 검지와 집게 손가락을 이용해 뒷다리를 잡고 있으면 녀석은 묵직한 두 다리를 쭉 펴고 버틸 때까지 버텼다. 그러다 힘이 빠지면 더 이상 버티지 못하고 꺼덕꺼덕 몸을 움직였다. 우리는 그

것이 방아를 찧는 것이라고 믿었다. 방아깨비 나름의 힘 고르기였을지도 모르는데. 사람은 언제나 자기 편리한 대로 생각했다.

생명체는 어느 존재든 나름의 힘을 가지고 있다. 나는 녀석 때문에 뭐 하나 제대로 돌아가지 않는 개판 같은 세상에서 잠시 비켜설 수 있었다. 이따금 거실로 들어와 날개를 푸드득거리며 이리저리 머리를 쥐어박을 때 거실 바닥을 뒹굴며 웃었고, 침묵이 8할인 남편도 은근슬쩍 우리 사이를 파고들었다. 생명은 웃음이었다.

그렇게 여름이 성숙해지는 줄 알았다. 한데 며칠 전부터 녀석의 비행이 방충망에서 벗어나지 않는다. 방충망 바로 아래는 소나무, 꽃나무 무성한 정원이다. 밤이면 이슬이 내리고 낮이면 따사로운 햇살이 머문다. 한낮엔 성충이 된 수많은 곤충이 짝짓기를 하느라 소란스런 곳이다. 벌써 눈에 띈 녀석들도 여럿 있다. 수컷을 등에 업고 폴짝거리는 메뚜기 연인, 꼬리를 동그랗게 말고 비행하는 잠자리를 보며 눈꼴사나워했는데. 방아깨비도 자기를 찾는 구애 소리를 들었던 걸까. 밤마다 창에 매달려 누군가와 사랑을 약속했던 걸까. 두 번의 허물을 발견했을 때의 당황스러움이 몰려들었다. 허물을 보면서도 녀석의 성장을 인정하지 않았는데. 어른이 된 것이다. 생각해보니 요즘 나를 바라보는 눈초리가 좀 원망스러웠던 것도 같다. 강동원이 어느 날 갑자기 나를 극장으로 불러놓고 훌쩍 군대에 가더니. 녀석도 내 마음을 설레게 해 놓고 제짝을 찾아 떠나고 싶은 모양이다.

이별 통보라도 받은 것처럼 서운했지만 보내야 할 때가 된 것 같아 방충망을 열다 그만 소리를 지르고 말았다.

밤새 안녕이라더니 방아깨비가 거미줄에 걸려 죽어 있었다. 이미 다리 한 개는 사라진 후였다. 눈도 감지 못한 모습을 보니 좀더 일찍 보내지 못한 것이 후회스러웠다. 차라리 연인 등에 올라 야반도주라도 했더라면 껄껄 웃고 말았을 텐데. 녀석은 끝내 덩칫값을 하지 못하고 말았다. 지인들에게 녀석을 자랑 면 잘 키워 구워 먹자는 소리에 까르르 웃으며 맞장구쳤는데.

죽음은 슬픔이었다. 슬픔은 슬그머니 거미의 엉큼함을 끌어들였다. 거미줄을 쳐놓고 숨어 있다가 걸려든 방아깨비를 보고 음흉스레 미소 지었을 거미가 약자 뒤에서 군림하는 권력자 같아 미웠다. 거미를 잡아 죽여야 방아깨비가 눈을 감을 것 같았다. 하지만 베란다를 다 뒤집어도 거미는 보이지 않았다. 힘 있는 자는 숨기도 잘한다. 수색을 포기한 나는 거미의 죄질을 성토하며 방아깨비를 고추화분에 묻어주었다.

거실 티브이는 세월호에 관한 이야기를 혼자 떠들고, 남편은 거실과 베란다 문 사이에서 고개만 길게 빼들고 나하는 꼬락서니를 바라보고 서 있을 뿐이었다.

별은 뜬다

달동네는 산비탈에 수직으로 떠 있다. 대개의 집은 평지에 짓지만 피란민들은 평지에 집을 지을 수가 없었다. 산비탈 자투리땅에 하나 둘 판잣집을 지었다. 재료가 생길 때마다 이어붙였다. 벽 하나 세우고 슬레이트 올려 집의 형태를 갖추기까지 여러 날 걸렸지만 포기하지 못했다. 기나긴 전쟁으로 인해 헐벗고 가난한 이들은 고단한 등짐을 내려놓고 하룻밤 쉬어야 할 공간이 필요했다. 마음도 몸도 겨울 바람처럼 황량하기 그지없던 시절이었다. 엉덩이만 들이 밀 수 있으면 먹는 일은 다음 일이었다. 내 집 마당에 윗집 지붕이 올라가고 윗집 지붕에 그 다음 윗집 변소가 올라가도 누구 하나 탓하지 않았다. 사생활보다 인간의 정을 목숨처럼 여겼다. 손바닥만 한 마당에 서로의 세간을 두고 네 것 내 것 없이 사용했다.

청주시 수동(수암골) 달동네 지번은 거미줄처럼 얽혀있다. 서류상으로는 버젓이 주인이 있지만 서류상의 이름일 뿐이다. 아랫집 안방이 내 집 마당이 되고 내 집 변소가 윗집 안방이 되기도 한다. 집과 집이 이어진 것처럼 사람과 사람도 붙어 있다. 방안에서 속삭이는 부부의 정다운 소리도 악다구니 싸움 소리도 훤히 보이고 들린다. 새벽마다 힘없이 들어오는 가장의 발소리가 들리고 상급학교에 진학한 이웃집 장한 아들 소식도 안방에서 듣는다. 거미줄처럼 얽혀 살았지만 슬프지 않았다. 그래도 사랑을 나누고 자식을 낳고 길렀으니.

도시에서 올려다보는 달동네는 콩나물시루처럼 둥그렇다. 직각이 없다. 금세 굴러내릴 것 같지만 홍수에도 내려오지 않는다. 가난했던 사람들의 삶이 퇴적층을 이루어서다. 가슴에 묻어둔 인연이 떠나보내지 못한 그리움이 켜켜이 담겨 있어서일 게다.

그래서일까. 달동네에 들어서면 사금파리 같은 그리움이 온몸으로 달려든다. 의미를 알 수 없는 낙서에서, 금방이라도 떨어질 것처럼 흔들거리는 양철 대문에서, 나는 잊혀가는 과거를 읽는다. 산 아래 도회지로 돈 벌러 갔다 돌아오는 가장의 손에 들려 있을 동태 한 마리가 그립고, 어려운 살림을 이기지 못해 끝내 객지로 떠난 며느리가 허기진 배를 부여안고 돌아올 것 같다. 달동네는 이렇게 통증을 안고 세월을 걸어왔다.

반대로 달동네에서 청주 시내를 내려다보면 빌딩도 자동차의 행렬도 개미 떼처럼 보인다. 빌딩이 올라가고 휘황한 네온이 켜질 때마다 멀건 동탯국을 먹으며 소외감을 참아야 했던 수많은 사람들은, 겨울 연탄을 들이고 김장을 하며 통증을 가라앉혔다. 연탄을 실은 리어카가 들어서기도 좁은 골목에서 언 손을 부여잡고 얼마나 시린 가슴을 쓸어내렸을지. 오늘도 골목길을 빠져 나가지 못하고 방황하는 바람에서 가난의 냄새를 맡는다.

불빛보다 별빛이 먼저 내려앉는 마을에 확성기가 등장해 도깨비방망이 두들기던 공약公約도 공약空約이 되고 몇 해 전 시에서는 마지막 남은 달동네를 재개발구역에 넣었고 철거를 하기로 했다. 하지만 여러 가지 이유로 차일피일 미뤄졌다.

이때 주민과 함께하는 문화예술프로젝트가 진행됐다. 지역에 속한 화가, 대학생, 주민들은 거미줄처럼 마음을 엮었다. 오래된 것들을 새것으로 재탄생시키는 작업이었다.

작업은 마을 초입부터 시작되었다. 어른들이 일터로 가고 남아있는 아이들이 골목에서 뛰어놀던 모습이 되살아났다. 숨바꼭질, 고무줄놀이, 말뚝박기, 공기놀이는 아이들이

할 수 있는 최고의 유희였다. 놀이를 통해 꿈을 꿨다. 화가는 그것을 예술로 재탄생시켰다. 낡고 허물어진 담벼락에 꽃을 심고 굽은 골목에 피아노건반을 들여놓았다. 목욕하는 여자를 바라보는 구공탄의 동그란 눈이 익살스럽고, 담장 위 졸고 있는 고양이 한 마리 평화롭다. 그림 속엔 달동네의 역사가 켜켜이 숨어 있다. 가족의 생계를 위해 박스쪼가리를 모아 등짐 지고 골목을 들어서는 노인의 굽은 등이 있고, 기성회비를 내지 못해 학교 가기 싫어 도망치는 뒤통수에 대고 고함치는 어머니의 처절함이 담장 안에서 새어나온다. 방안에서 밖을 내다보는 할머니의 주름이 반갑고 이빨 빠진 소녀의 웃음은 왜 눈물샘을 자극하는지. 예술은 생명이기 때문일 것이다.

여기까지가 좋았다. 여기서 멈춰야 했었다. 하지만 세상은 달동네를 그냥두지 않았다.

마을이 그림 속에서 되살아나며 과거에서 벗어나기 시작했다. 때 맞춰 드라마 촬영지가 돼 관광객이 찾아왔다. 노인들만 서성거렸던 골목에 청바지 젊은이들이 줄을 잇고 일본인 단체 관광객의 수도 날로 더해가고 있다. 이와 함께 이재에 밝은 사람들도 들어왔다. 커피숍을 차리고 빵집을 차렸다. 일반 빵집에서 천 원 하는 소보로가 천오백 원해도 없어 못 판다. 수직으로 서있던 몇 채의 판잣집이 사라진 자리에 뚝딱 기계의 힘으로 똑바로 선 식당도 문을 열었다.

이것을 다행이라 해야 할까.

과거를 유폐幽閉시킨 수암골은 사생활도 유폐되고 있다. 밤낮 없이 들이닥치는 관광객으로 인해 잠 못 이루고 샤워 한번 마음 편히 할 수 없다. 새롭게 개발된 수암골이 과거와 현재가 공존하며 잘살아 가고 있어 지역민들의 기대가 한껏 부풀어 있다고 사람들은 말한다. 하지만 누구도 그 뒤에 가려진 원주민들은 보려 하지 않는다. 그나마 양복점, 양장점, 수선집, 기능인의 집이 남아있어 얼마나 다행인지 모른다.

마을 초입에 자리한 삼충상회 들마루엔 오래된 골목처럼 오래된 노인들이 앉아있다. 관광객이 떨어뜨리고 간 부가가치도 아메리카노 한 잔도 이들에겐 도시의 빌딩만큼이나 소용없으니, 아침을 먹고 나오면 종일 이곳에서 보낸다고 했다. 나는 속으로 물었다. 왜 경로당에 가지 않느냐고.

노인은 눈으로 말했다. 도시에서 일을 마치고 돌아오는 가장이 꽁꽁 언 동태 한 마리 들고 돌아올 것 같다고. 떨어진 운동화 신고 하교하는 아들이 금방이라도 골목에서 나타날 것 같다고. 나는 왜 이쯤에서 영화 〈미션〉이 떠올랐을까. 자신들의 땅을 빼앗기고 폭포를 뛰어넘어야 했던 인디언들이….

쓰러진 담장에 야생화가 피고 세련된 건물과 상호가 달

동네의 지번을 다시 그리고 있지만, 멍석에 누워 떨어진 별똥별을 주워본 기억은 지울 수가 없어서일까.

수암골엔 오늘도 별이 뜬다.

달팽이처럼

'얹힐라'는 내가 좋아하는 단어입니다. 이 단어를 가르쳐 준 사람은 외할머니입니다. 외가 토광엔 계절과 상관없이 먹을거리가 풍성했습니다. 나는 그중에서도 찰떡과 홍시를 잘 먹었습니다. 달콤한 맛이 혀를 싸고돌아 먹고 또 먹었습니다. 그런 내게 외할머니는 "얹힐라. 천천히 먹어라." 하셨습니다.

그 단어는 나도 모르게 마음자락에 뿌리를 내려 허기를 채우기 위해 급히 밥을 먹거나, 약속된 시간을 맞추기 위해 서둘러 현관을 나서거나, 생각을 거르지 못하고 급히 말로 쏟아 낼 때, 나를 따라다니며 성가시게 합니다. 때로 그 단어 때문에 할 말도 못하고, 하고 싶은 일도 하지 못해 못마땅할 때도 있었지만 지금 생각해 보니 잃은 것보다 얻은

게 더 많습니다.

살아보니 먹는 일에만 체함이 있는 것은 아니기 때문입니다. 인간관계에서도 얹힐 일이 있고, 일에서도 얹힘은 있었습니다. 급한 성격으로 인해 급체를 한 적도 있습니다. 몸의 체함은 약을 쓰고 누군가의 따뜻한 보살핌을 받으면 고칠 수 있습니다. 그러나 마음이 체하면 그것이 풀어질 때까지 많은 시간과 노력이 필요합니다.

봄이 왔습니다. 꽃들의 반란이 시작되었습니다. 앵초, 산수유, 명자꽃, 골담초, 박태기, 목련, 나리, 빛깔도 모양도 각기 다르지만 저마다의 향기를 지니고 있습니다. 자신을 보아 달라 부르지 않는데 나도 모르게 그 앞에 서 있곤 합니다. 빨간 꽃 앞에 서 있으면 열정이 불타오르고 연분홍빛 꽃 앞에 서 있으면 마음이 따뜻해집니다. 그 꽃을 감싸고 있는 초록의 꽃잎을 보면 나도 모르게 마음이 편안해집니다.

해마다 봄이 되면 만나는 꽃들인데 올봄 유난히 반가운 것은 몸이 예전 같지 않은 까닭입니다. 마음 같으면 무엇이든지 할 수 있을 것 같은데 몸이 따라오지를 못합니다. 능률도 오르지 않고 조금만 무리하면 탈이 납니다. 이러니 자연히 남들과 비교하며 자책을 합니다. 남들은 다 잘하는 것 같은데, 남들은 다 튼튼한 것 같은데 나는 왜 이럴까. 조바심이 납니다. 누가 말했습니다. 나이를 먹는 것은 맷집을 키우는 일이라구요. 맷집이 길러질 때 마음의 깊이가 깊어지고 넓어져 모든 것을 포용할 수 있는 능력이 갖추어진다는 말일 것입니다. 그런 사람은 성품이 온유해 모든 사람과 화평하고 사랑하며 모든 일에 절제할 줄 압니다. 제 뿌리 내린 환경을 탓하지 않고 고운 꽃을 피우는 봄꽃들처럼 말입니다. 제비꽃은 제비꽃 무리에서 앵초는 앵초 무리에서 무리 없이 살아가는 것처럼 말입니다. 언제쯤이면 나의 맷집도 튼튼해질는지요.

이제 천천히 갔으면 좋겠습니다. 생업을 핑계로 하늘 한 번, 땅 한 번 바라보지 못하고 사는 먹먹한 삶에서 벗어나 신이 주신 아름다운 세상을 온전히 누리며 살아갔으면 좋겠습니다. 이 봄 꽃향기를 맡을 수 있는 여유를 갖고 잃어버린 자존감을 찾았으면 좋겠습니다. 자연 속으로 들어가 자연을 닮아 자연처럼 살아갈 때 마음의 안식을 누릴 수 있을 것입니다. 그것이 복된 삶인 것입니다.

—개나리가 폈구나. 꽃이 지면 마당을 쓸어야겠지— 걱정하는 삶이 아니라 —개나리가 이렇게 예쁜 꽃이었구나— 온전히 꽃과 하나되는 순간을 누리며 살아야 할 것입니다.

가만히 눈을 감고 목련꽃에 코를 대면 바람 냄새가 나고 라일락에 코를 대면 하늘 냄새가 나야 합니다. 그래서 눈물이 나야 진정으로 인생의 맛을 안다고 할 수 있을 것입니다.

신이 우리를 위해 피워 놓으신 저 많은 꽃을 외면하는 것은 창조주를 모독하는 것입니다. 신이 주신 생명은 사람이나 꽃이나 같기 때문입니다.

얼마 전 친정어머니는 척추 한 마디가 부러져 입원을 했었습니다. 얼마나 통증이 심한지 꼭 죽을 것만 같았다고 합니다. 입원하던 날 통장을 제게 주며 돈을 찾아 손자들에게 각각 얼마씩을 나눠주고 남은 돈은 장례비로 쓰라고 부탁을 하셨습니다.

그 모습을 보며 내게 주어진 것도 다 못 쓰고 가는 것이 인생인데, 욕심을 부리며 살아가느라 소중한 것을 놓치고 있음을 알게 되었습니다.

이 봄, 풀밭에 누워 하늘을 올려다보겠습니다. 둥둥 떠다니는 구름을 바라보며 그 편안함에 취해 보겠습니다. 부신 눈을 지그시 감고 신의 형상을 그려보며 지난겨울 잘 지낸 나를 칭찬해 주겠습니다. 집으로 돌아가는 길 장미 한 송이 사서 나의 품에 안겨주겠습니다. 그동안 내가 나를 사랑하는 일에 서툴었고 나를 대접하는 일에 인색한 것에 대한 상이라고 여기겠습니다. 처음에는 어색할 것입니다. 그러나 모든 것은 하나부터 시작됩니다. 한 곡의 노래가 순간에 활기를 불어 넣어주고, 한 자루의 촛불이 어둠을 몰아냅니다. 한 번의 웃음이 우울함을 날려 보내고, 한 번의 손길이 마음을 보여 줄 수 있습니다.

한 개의 별이 바다에서 배를 인도하고, 한 번의 악수가 영혼에 기운을 줍니다. 한 걸음이 여행의 시작이고, 한 단어가 기도의 시작이라고 했습니다.

꽃향기에 취해 볼 시간입니다. 꽃들의 반란은 그리 오래 가지 않을 것입니다.

이제 천천히 가고 싶습니다. 달팽이는 온몸으로 기어가며 흔적을 남긴다고 했습니다.

석류

이른 새벽, 발치께로 밀려난 이불자락을 끌어 올리며 여름이 가는 소리를 듣는다. 정원에서 들려오는 풀벌레의 가는 울음과 풋감 떨어지는 소리에 다시 잠들지 못하여 조용히 방문을 열고 뜰로 나섰다. 서늘한 새벽 공기가 피부에 와 닿는다.

아! 벌써 가을인가.

긴 장마와 폭염에 지쳐 세월 가는 줄도 몰랐는데, 감나무, 석류나무 가지마다 탐스러운 열매가 살을 찌우고 있었다. 이슬에 젖은 석류가 입이라도 맞춰 달래듯 둥그런 엉덩이를 들이민다. 그 모습이 어찌나 앙증스러운지 뒷발을 들고 입술을 대니 발그스레한 딸아이의 볼처럼 부드럽기 그지없다. 나를 소녀에서 여자로 만들어준 석류다.

이십여 년 전. 약혼자와 대천 바닷가에 갔다가 그의 친구가 교사로 근무하는 외연도에 들른 적이 있었다. 고기잡이배를 타고 도착한 곳에는 작고 아담한 초등학교가 있었다. 친구의 안내로 교정을 돌아보다 두 그루의 석류나무 앞에서 발길을 멈췄다. 늙은 나무에는 두 개의 석류가 달려 있었다. 붉다 못해 온몸이 터져 빨간 속내를 훤히 드러낸 채 석양을 받고 있는 모습은 퍽 인상적이었다. 친구는 석류를 먹으면 부부의 연이 오래간다면서 높게 매달린 석류 반쪽을 떼어 우리에게 건네주었다. 우리는 다른 과일처럼 아무런 의미도 부여하지 않고 맛있게 먹었다.

한데 이상한 일이었다. 결혼 생활을 하면서 이따금 텅 빈 운동장에서 먹었던 석류의 시고 달콤한 맛이 떠올랐다. 특히 가을이 되어 이웃집 담장에 붉게 익어가는 석류를 보면 나의 마음은 수도 없이 외연도로 달려가곤 했었다.

나는 그렇게 외연도앓이를 하다 몇 해 전 석류나무를 심었다. 나에게 한 남자를 안겨준 나무이기에 다른 나무보다 정성을 기울였다. 하지만 감나무의 그늘과 새로운 흙에 대한 홍역을 치르는지 해마다 꽃만 피울 뿐 열매를 맺지 못했다. 날마다 수북이 떨어지는 꽃잎이 안쓰러워 햇살이 잘 드는 곳에 심은 대추나무를 뽑아내고 그 자리에 석류나무를 옮겨 심었다. 그리고 올봄, 꽃을 피울 땐 인공수정을 하고 끈질기게 달라붙는 진드기는 일일이 휴지로 닦아 주었다.

사람이나 식물이나 정을 주면 금방 효과가 나타나는지 차츰 자리를 잡아가더니 드디어 열매를 맺은 것이다.

석류나무는 봉선화꽃이 곱게 피고 도둑고양이가 정원에서 낮잠을 즐길 때 꽃을 피웠다. 그런 날이면 방안까지 붉은 빛이 들어와 일이 손에 잡히지 않았다. 아무런 생각도 하지 못하고 멍하니 앉아 있노라면 외연도의 바람이 코끝을 스치는 착각에 빠지기도 했다.

석류는 참으로 여러 모양으로 내게 다가왔다. 비를 맞고 있는 석류는 처음 사랑을 나눈 새색시처럼 잔뜩 긴장을 하여 안쓰럽고, 어른 주먹만 하게 살이 올라 볼록해진 석류는 첫아이에게 퉁퉁 불은 젖을 물렸을 때의 짜릿함을 느끼게도 한다.

이 새벽, 통통하게 살이 오른 석류는 마른 장구처럼 건드리기만 해도 '쫙'하고 터질 것만 같다. 아니 벌써 일부분은 벌어진 곳도 있다. 나는 손톱에 가시만 박혀도 심한 통증을 느끼는데 석류는 온몸이 벌어질 때마다 얼마나 고통스러웠을까. 생명의 충일 때문에 어쩔 수 없이 속살을 드러낼 수밖에 없었겠지만 생살을 째는 아픔을 어찌 참아냈단 말인가.

벌어진 석류를 바라보니 신혼 초 애를 삭이지 못하던 일이 떠올랐다. 새신랑이 곁에 다녀가는 밤이면 나는 심한 고통에 시달렸다. 걸음을 제대로 걸을 수도 없었고 앉을 때도 엉거주춤 앉아야 했다. 목과 입언저리에 난 붉은 자국을 화장품으로 가려도 모두 나만 바라보는 것 같아 사람들 앞에 나서기가 두려웠다. 밤새 함께 있었던 신랑인데도 아침이 되면 낯선 남자처럼 어색하고 부끄러워 숨고만 싶었다.

사랑의 행위는 영화나 소설처럼 달콤한 것이 아니라 아픔이었다. 하루 종일 신랑을 기다리다가도 저녁이 되면 걱정부터 앞섰으니. 지금 생각해도 웃음이 난다.

피부에 난 생채기기가 시간이 지나며 무디어지듯 한 남자를 나의 살붙이로 받아들이며 나는 여인이 되었다.

내가 한 남자에게 뿌리를 내리고 사는 것처럼 나의 시선을 받으며 뜰에 뿌리를 내린 석류. 이 가을 좁고 척박한 정원에서 불평 없이 열매를 맺은 석류를 보며 속절없는 여자의 생을 생각한다.

배를 타고 외연도에 갔다가 저녁나절이면 다시 올 수 있다는 말을 믿고 따라 나섰던 난 너무도 철부지였다. 지금도 낙조落照를 바라보며 오지 않는 배를 기다리던 일을 생각하면 가슴이 두근거린다. 날은 어두워지고 고깃배마저 하나 둘 보이지 않을 때 곁에 앉아 있는 사람은 약혼자가 아니라 낯선 남자처럼 여겨졌다. 언덕배기 파란 집에 여장을 풀었을 때 약혼자의 눈을 똑바로 바라보지 못하고 철썩이는 바다로 시선을 돌리며 나는 모든 것을 포기해야만 했었다.

다음날 첫배를 타고 집으로 돌아와 며칠 동안 부모님 뵙

기가 송구스러웠던 일이 엊그제 같은데 벌써 20년의 세월이라니!

한 남자를 마음속에 섬기고 살아가는 일은 고독과의 싸움이다. 술에 취해 등을 돌리고 자는 남편의 뒷모습을 바라보며 웃을 수 있는 것도, 구석방에 들어가 그를 위해 기도를 하는 것도 내게 매달려 떠나지 않는 외연도의 추억 때문이리라.

외연도에서 석류 반쪽을 받아먹지 않았다면 지금 나는 어떤 모습으로 살아가고 있을까. 폭 퍼진 앞가슴을 쓸어 올리며 바라본 석류 위로 외연도의 언덕배기 파란집이 보인다.

당숙

중환자실에 있었다. 여러 날 음식을 거부한 것으로 보아 세상 놓을 준비를 하는 것 같다고 당숙모는 말했다. 순간 가슴이 뜨거워졌다. 세상을 향해 소리치고 싶었다. 그러나 당숙의 눈에서 유약 같은 눈물이 흘러내려 나는 아무런 말을 하지 못했다. 그의 마지막 남은 자존심 같았기 때문이었다.

지난해 봄, 흙 굽는 일에 젊음을 바친 당숙은 시간 나는 날 다녀가라고 했다. 남에게 부탁이나 폐 되는 일이라곤 할 줄 모르는 그의 전화를 받고 이상한 예감이 들었다.

간간이 오가다 들렀지만 옹기막에 들어선 것은 거의 이십년 만이었다. 이전 모습은 간데없었다. 오래전 불 꺼진 가마는 무너져 내렸고, 깨진 옹기는 산더미처럼 쌓여있었다. 반짝거리는 사금파리를 주워 사방치기하던 모양이 아니었다. 누군가 일부러 깨트린 것처럼 조각의 크기가 거의 같았다. 당숙과 가마를 향해 걸었다. 깨진 옹기를 피해 걸으려 했지만 불가능했다. 옹기조각을 밟으며 나는 당숙의 정맥을 밟고 있다고 생각했다.

명품도시를 만들기 위해 시작된 구획정리는 옹기막을 피해가지 않았다. 포클레인이 옹기막으로 들어와 가마며 항아리들을 파기할 때 당숙은 실신했었다. 이미 옹기 값은 값으로 환산되어 당숙에겐 권한이 없었지만 자식 같은 옹기가 파기되는 것은 눈 뜨고 볼 수 없었다. 소장에게 며칠 말미를 주면 옹기를 다른 곳으로 옮기겠다고 했지만 새로운 장소를 구입하지 못해 한 달여 시간을 끌고 있는 상태였기에 공사에 방해를 주는 상황이었다.

이미 지불된 값으로 인해 임무가 끝난 옹기는 무참히 죽음을 당했다. 이제 막 당숙의 손을 벗어나 건조실로 들어간 투가리, 자배기, 약탕기, 김장독, 장독. 애벌구이를 끝낸 수많은 토기는 달을 채우지 못하고 인공중절을 당했다. 그 순간 당숙의 육신과 마음은 처참히 찢기고 무너져 내렸다. 더 이상 토기가 자신의 탯줄을 끊고 옹기로 태어날 수 없게 됐을 때 당숙은 숨을 쉴 수 없었다. 아니 옹기 값을 건네받으며 더 이상 옹기와 함께할 수 없을 것 같은 예감에 전율했다. 옹기는 돈으로 환산할 수 없는 그의 생명이었다. 평생을 옹기막에서 살아온 그에게 돈은 옹기만큼 중요하지 않았다. 부친에게 흙을 배우고 물레질을 배우며 그는 이미 세상의 욕망을 내려놓았다. 수많은 한숨과 눈물과 환희가 깃든 성지였다. 그곳을 떠날 수는 없었다. 아니 그곳을 떠난 삶은 생각하지 못했다.

기력을 잃은 당숙이 "삼신할매 일거리도 줄어드는 세상에서 내가 뭐라고 안달을 하고 있는지 몰러."라며 쓴웃음을 지었을 때 당숙은 이미 세상을 놓기로 결심했는지 모른다.

옹기막은 당숙의 산실이었다. 삼신할매가 아이를 점지하듯 당숙의 손에 잡힌 찰흙은 여러 형태의 옹기로 태어났다. 모양이 기울지 않도록, 표면이 거칠지 않도록, 틈새가 생기지 않도록 혼을 불어넣었다. 날마다 그의 지문은 닳았고 지문이 닳는 만큼 정교한 그릇이 태어났다. 물레 앞에 있을 때 옹기장이 의식의 시계는 멈춰 있었다. 이따금 사내 구실을 못한다는 당숙모의 푸념과 함께 당숙의 산통은 되풀이 되었다.

애벌구이한 토기가 유약 입고 가마 안에 들어가는 날 옹기막에서는 의식이 거행됐다. 그날만큼은 당숙도 멀쑥한 사람이 되었다. 모처럼 목욕과 이발을 하고 깨끗한 한복으로 갈아입었다. 막걸리와 돼지머리를 가마 앞에 차려놓고 큰절을 올렸다. 쩍쩍 갈라진 큰 손을 땅에 대고 손발이 멀쩡한 자식이 태어나길 빌었다. 옹골차고 훤칠하게 태어나기를 간구했다. 그때만큼은 뚝심 있고 덩치 큰 당숙도 연약한 인간의 모습이었다.

당숙은 수백 개의 항아리를 바라보며 마음에 드는 것 있으면 다 가져가라고 내게 말했다. 그의 혼이 담긴 제품은 어디에 내놔도 부끄럽지 않은 자식들이었다. 어느 것도 선택할 수가 없었다. 당숙의 도장과 주민증이 들어있는 토기 항아리를 집어들었다. 여기저기 상처 난 항아리는 노을빛을 띠고 있었다. 조심스럽게 자동차에 실었다. 당숙의 세월이 따라와 항아리 속에 들어앉았다.

당숙은 깨진 옹기더미에 앉아 담배에 불을 붙였다. 깊은 숨을 몰아쉬며 내뱉은 담배연기는 옹기막 구석구석으로 사라졌다. 담배 꽁지에 불이 가물거릴 때까지 당숙은 그렇게 말없이 앉아 애꿎은 담배만 태우고 있었다. 숨이 막힐 것 같았다. 이제 그만 괴로워하라고 말해주고 싶었지만 나는 같잖은 위로를 보태지 못했다. 어쩌면 옹기장이 오십여 년 힘겹고 서러웠던 세월을 모두 태우고 있는지 모른다는 생각이 들어서였다.

옹기막으로 인해 땅값이 떨어지니 마을을 떠나라며 동네 사람들이 몰려와 옹기막을 난장판으로 만들었을 때, 스테인리스의 출현으로 옹기가 사양길로 접어들어 오남매를 공장으로 보냈을 때도 당숙은 가마에 걸터앉아 담배 한 개비로 힘겨운 인생을 위로했었다.

"한창 젊을 땐 가마 앞에 앉아야 힘이 나더만 이제 나이 들어 옹기가 뭔지 조금 알 것 같으니 겁이 나. 차라리 잘 됐어."

내가 들은 당숙의 마지막 말이었다.

나의 정서는 회색빛 찰흙이고 깨진 사금파리다. 질척한 냄새고 밤새 들었던 물레소리다. 내 허파를 통해 몽환적夢幻的인 환희로 변했던 당숙의 침묵과 땀방울이다. 그 영향일까. 나는 옹기에서 남자의 고된 삶을 본다. 근사한 카페 울타리로 쓰이는 항아리 속에서, 친구네 뒤란 장독대에서 남자의 체취를 맡는다. 기침 소리를 듣고 애잔함을 느낀다.

토목공사 소장의 배려로 살아남은 수백 개의 항아리를 도심에 부려 놓고 당숙은 끝내 입원을 했다. 물 한 모금 자식에게 건네지 못한 어미낙타처럼 절망하며 음식을 거부했다.

에덴동산을 만들겠다며 숲을 태우면 짐승이 기뻐할까. 모래성을 쌓겠다고 바닷물을 빼내면 물고기가 반길까.

당숙의 눈에서는 여전히 유액 같은 눈물이 흘러나왔다.

4부

강가에서

강을 바라본다. 뭍으로 떠난 어부가 바다를 그리워하듯 이곳이 그리웠다. 청년시절, 눈이 내리면 귀가 빨개지도록 걸었고, 새해 첫날 버스를 타고 달려와 소박한 소망을 띄워 보내던 곳이다. 한나절이면 족한 길이다. 그러나 무슨 연유에서인지 그 동안 쉽게 달려오지 못했다.

과거는 사람에게만 존재하는 것인가. 강물은 수십 년 전 그대로 공산성을 휘돌아 흐르고 있다. 잡풀 사이를 일렁이는 물너울도, 떠나가는 남편을 부르다 지친 곰의 애절한 사연을 담은 곰나루도 예전과 달라진 게 없다. 물살에 휩쓸리듯 정강이를 안개 드리운 강물에 밀어넣었다.

1970년대 중반 강변 위에는 미니골프장이 딸린 찻집이 있었다. 비가 오는 날이면 사람들이 떨어뜨린 빗물이 마르지 않아 퀴퀴한 냄새가 났지만 나는 그곳을 좋아했다. 강이 내려다보이는 창가에 앉아 계단을 오르는 친구의 발자국 소리를 들었다. 약속을 하지 않았어도 우리는 찻집에서 우연히 마주쳤다. 내가 미리 와 있는 것을 아는 것처럼 내 곁을 맴돌았다. 앞에 놓인 찻잔에 설탕을 넣으려고 하면 어느 사이 설탕 그릇을 들이밀며 다가앉는 친구 때문에 많이도 놀랐었다.

찻집에서 버스 안에서 곰나루에서 마곡사에서 서점에서 마주쳤던 일들이 정말 우연인지 알 수 없었지만 우리는 공산성과 찻집을 오르내리며 젊은 시간을 함께 채워갔다.

오래전, 그와 앉았던 자리를 찾는다. 모래를 채취하기 위해 물을 막아 여기저기 바닥이 드러났지만 낯설지 않다. 손으로 강물을 퍼올렸다. 우리의 시간이 세월 속에 흡수된 것처럼 손바닥에 물기만 남기고 이내 사라진다. 부드럽지만 차다. 언제였던가. 내 볼에 입술을 대던 그의 입술의 촉감이 그랬었다. 볼을 훔쳐 놓고 나보다 더 놀라 어쩔 줄 몰라하던 그의 가슴은 홍수를 만난 강물처럼 쿵쾅거렸다.

오늘은 강물 속에 나의 죄를 벗어 놓으려고 한다. 그것을 싣고 어디까지 흘러갈지 모르지만 결코 역류할 수 없는 것이 인생이듯 강물 또한 그것을 싣고 되돌아오지는 않을 것이다.

나는 지금까지 많은 잘못을 하며 살았다. 그중에서도 첫

사랑 친구에게 모질게 했던 일은 오래도록 마음에 남아 나를 괴롭혔다. 왜 헤어져야만 했는지, 비 내리는 강가에 남겨두고 그렇게 독하고 모질게 돌아설 만큼 긴박했는지 지금도 이해가 되지 않는다. 부모님의 반대 때문도 아니었고 군대를 마치고 복학을 하고, 대학원을 준비해야 하는 고단한 과정 때문도 아니었는데 나는 그를 떠나고 말았다.

그날 비는 운명처럼 내렸고 그는 변함없이 기타를 메고 나타났다. 그런 그에게 헤어지자는 앙칼진 말을 던지고 나는 마곡사행 버스를 탔다. 마곡사 처마 끝에 앉아서야 가슴이 두근거리기 시작했고 상황을 냉정하게 파악했다.

그를 떠나 홀가분할 줄 알았는데 마음속에서는 앞을 분간할 수 없는 안개비가 내렸다. 늘 함께 다녔던 마곡사행 버스는 흔들거렸고 찻집을 오르내리는 일도 힘들었다.

그를 잊으려 분주히 돌아다니던 어느 날, 그의 친구는 나를 불러내 공주결핵원에 가자고 했다. 그가 입원해 있다는 것을 알았지만 거절하지 않았다. 오히려 그동안 냉정한 척했지만 그를 다시 볼 수 있다는 구실이 생겨 내심 마음은 들떴다. 그는 잠들어 있었다. 몇 년째 앓아 온 병으로 창백해진 얼굴을 보는 순간 죽을지도 모른다는 생각이 들었다. 아픈 것이 내 탓 같았다. 그동안 내가 잘못했다고 말하고 싶었다. 그러나 아무런 말도 하지 못한 채 색 바랜 담요만 끌어다 가슴에 덮어주고 병실을 나왔다.

지금 생각해 보면 그 집안의 높은 벽을 허물 용기가 내게는 없었던 것 같다.

희뿌연 안개가 사라지며 강기슭이 드러난다. 우리의 인생도 저 강처럼 미리 내려다 볼 수 있다면 서툰 삶을 살지 않아도 되련만. 눈을 감고 귀를 막으며 억지를 써 봐도 세월은 흐르고 아무리 살피고 짚어 봐도 삶은 서툴다.

내가 가꾸고 살아가는 텃밭이 있음에 감사하면서도 가끔 새벽의 강이 그리워지곤 한다. 그것은 인생의 여행길에서 잠시 머물렀던 젊음이었기에 그럴 것이다.

한 올 한 올 어둠을 걷으며 새벽이 밝아 오듯, 세월의 자락을 헤치며 살다보면 이십대의 강을 사십대에 그리워하듯 예순의 강가에서 다시 마흔의 강을 그리워할 것이다. 그때는 어떤 그리움을 가슴에 안고 살지 알 수 없지만 지금보다 좀 더 결이 고왔으면 좋겠다.

물안개 속에서 강물도 구별하기 어려웠던 것처럼 우정과 사랑이라는 이름 앞에서 고뇌했던 젊은 날. 금강은 내 인생의 전부였지만, 속내를 강물에 띄우고 돌아서는 지금 그는 삶의 한 조각이 되었다.

양수리 가는 길

강변길을 달린다.

강원도에서부터 내려온 북한강이 양평으로 흘러들며 두 개의 길을 내고 그것을 합쳐 양수리라 부르는 길이다. 백설공주가 살 것 같은 카페, 물위에 떠 있는 오색 단풍, 두 팔 벌린 허수아비, 강물과 어우러진 억새가 운치를 보탠다.

작가 김인숙은 이곳에서 물안개를 만난 후 소설 ≪양수리 가는 길≫을 탄생시켰다. 소설 속의 남자는 여행길에서 우연히 보았던 물안개를 그리워하며, 언젠가는 자신의 자동차를 타고 양수리에 가보리라는 꿈을 꾼다. 그러나 그에게는 양수리에 갈 여건이 주어지지 않는다. 그러던 어느 날 면허시험장에서 시험을 치르는 아내를 바라본다. 아내가 면허시험에 합격을 하면 자동차를 넘겨주어야 하므로 절망

한다. 더군다나 삼 개월 후면 동남아 오지로 직장을 옮겨야 하는 사실을 아내에게 알리지 못한 상황이다.

아내가 면허증을 발급받는 날, 아내와 월미도로 향한다. 양수리와는 정반대의 길이다.

월미도로 가는 내내 아내와의 행복했던 시절과 청년시절에 키웠던 꿈을 떠올린다. 그리고 결혼과 동시에 꿈을 접고 돈을 벌기 위해 살아가는 자신을 발견한다. 술을 마시며 홀로 오지로 떠나는 상상과 면허증을 발급받고 기쁨에 들떠 있는 현실 속의 아내 사이에서 괴로워한다. 아내는 자신을 양수리에 데려다 주겠다고 하지만, 더 이상 양수리에 대한 꿈을 갖지 말아야 한다고 다짐한다.

우리는 오늘도 꿈을 이루기 위해 양수리로 간다. 가고 있지만 모두가 그곳에서 물안개를 만나지는 못할 것이다. 운 좋게 물안개를 만나는 이도 있지만 물안개가 사라진 허무를 만나는 이도 있을 것이다. 마라톤 선수가 같은 장소에서 동시에 출발하지만 월계관을 쓰는 사람은 한 명이다. 모두 월계관을 쓰고 싶은 꿈이 없어서가 아니다. 달리다 보면 뜻하지 않는 일이 일어난다. 부상을 당할 수도 있고, 힘이 달려 중도에서 포기하기도 한다.

이미 잘나가던 기업이 퇴출당하고, 근근이 꾸려가던 사업체를 정리하는 이들이 늘고 있다. 하루에 사라지는 업체들 수가 상상을 초월하는 시대다. 이런 현실 속에서 무엇을 이루겠다는 희망 자체가 물안개라는 것을 알면서도 우리는 양수리의 꿈을 포기하지 않는다.

소설 속의 남자 역시 양수리 쪽에는 한 발자국도 들여놓지 못한 채 꿈을 접는 것은 어쩌면 희망을 놓지 못한다는 몸짓일지도 모른다.

쪽빛 호수에서 수상스키를 타는 젊은이에게서 눈을 뗄 수가 없다. 물속으로 사라졌다 이내 나타나는 건장한 모습을 바라보며, “아, 저이가 나의 연인이라면.” 잠시 자본주의 힘을 부러워한다.

살다보면 우리에게도 뜻하지 않는 흥분이 찾아올지 모른다. 김인숙이 물안개를 만난 후 소설을 완성했듯이 우리 또한 우연한 기회에 물안개를 만나지 않을까.

머리는 양수리를 향하고 몸은 현실 속에서 방황할지라도 꿈이 있어 오늘도 양수리로 가는 중이다, 우리는.

젊은 날의 초상

달이 밝은 날이면 거닐고 싶은 강변이 있다.

바다처럼 넓지도 호수처럼 깊지 않은 강은 나의 탯줄이 흐르고 밀잠자리가 날아다닌다. 지는 해보다 먼저 고요해지는 강은 보름달이 떠오르면 더 깊은 침묵 속으로 빠져든다. 그곳에서 부르고 싶은 노래가 있다.

아무리 훌륭한 반주에 맞춰 노래를 부르고, 뮤직비디오의 마술이 사로잡아도 달이 뜬 강변에서 부르는 노래만큼 낭만적이지 못하다. 특히 밤에 부르는 노래는 낮보다 몇 배의 감동을 불러온다. 살아오면서 제주의 달밤을 보았고 이국에서의 달밤도 보았지만 곰나루에 비친 달빛만큼 그윽하지 못했다. 그곳의 달빛이 특별히 아름다워서가 아니라 젊은 날의 흔적이 남아 있어서일 것이다.

나의 이십대는 강처럼 자유로웠다. 누구에게 허락을 구할 필요 없이 눈에 보이는 삶을 불태우겠다는 치기와, 밍밍한 시간과 공간을 벗어나려 발버둥 쳤다. 그때 내게는 강물처럼 부드러운 친구들이 있었고 나는 그들에게 뿌려진 은빛 모래였다. 공주와 부여는 아지트였다. 약속을 잡지 않아도 그곳에는 친구들이 있었다. 우리는 기타 반주에 맞춰 노래를 불렀다. 요즘 젊은이들과 달리 마음껏 즐길 수 있는 것은 노래밖에 없었다. 마곡사 광장에서 관광객들에게 둘러싸여 불렀고, 낙화암에 올라 삼천궁녀의 한을 달랜다며 불렀다.

김동진의 〈저 구름 흘러가는 곳〉 채동선의 〈떠나가는 배〉 토셀리의 〈세레나데〉는 그때 즐겨 불렀던 노래들이다. 지금은 가사마저 가물거리지만 어찌 그 시절을 잊을 수 있겠는가. 금가루를 뿌려 놓은 강물을 짜내면 황금빛 물감이 흘러내릴 것 같았던 그 감동을. 공산성 공북루에 앉아 흘러가는 강물에 띄워 보냈던 수많은 꿈과 고뇌를.

어느 해 정월 대보름. 친구 집에서 오곡밥을 먹고 여느 때처럼 강변으로 나갔다. 정월의 바람은 차가웠지만 우리는 노래를 부르며 강변을 따라 걸었다. 제각기 관심을 둔 친구끼리 자연스레 짝을 이루며 서로의 간격은 점점 멀어졌다.

젊음의 혈기와 이성에 대한 호기심은 밤에 대한 두려움

이나 추위쯤은 문제가 되지 않았다. 도심을 한참이나 벗어났고 시내의 불빛은 가물거렸다. 어느새 손은 친구의 커다란 잠바 주머니 속에 잡혀 있었고 마음은 달빛만큼 달떠 있었다.

우리는 밤이 이슥하도록 강변을 걸었다. 그 밤 나는 달빛이 강물에 호젓이 내려앉는 것을 보았다. 달빛은 꿈을 꾸는 듯 강물 위에서 반짝거렸고, 빈 나룻배는 달빛을 싣고 젊은 이들의 속마음처럼 긴 여운을 남기며 일렁거렸다.

밤은 보이고 싶지 않은 것까지 보이는 낮보다 깊은 정을 담고 있다. 낮이라면 그냥 지나치고 말 이야기에도 의미를 두게 하고, 낮에 부릴 수 없는 용기를 주기도 한다. 우리는 도둑 고양이처럼 추운 강가를 서성이며 도란거렸다. 그러다가 친구는 모래밭에 잠바를 깔아놓고 그 위에 누워 하늘을 향해 노래를 불렀다.

"사랑의 노래 들려온다. 기쁜 우리 젊은 날.

사랑의 노래 들려온다. 내 마음 깊은 곳에."

강물에 섞인 목소리는 잔잔히 떨렸고, 달빛에 걸린 가사는 몇 배의 감동을 불러일으키며 가슴으로 파고들었다.

달밤, 노래, 청춘.

청춘을 한참이나 떠나와서일까. 달빛은 추억을 부추긴다. 내가 그 시절로 돌아가고 싶어 하면 돌아갈 수 있을 것 같은 희망을 안겨준다. 그래서 달밤은 기억의 회로를 따라

금강 곰나루로 달려간다. 그때 불렀던 노래가 입 밖으로 튀어나오는 것이다. 거울 속의 내가 낯설게 느껴질 때 소리내어 부르면 뭔지 모를 감동이 밀려오며 이내 입가에 미소가 번지는 것이다.

이쯤 살아보니 알겠다. 부귀영화만이 사람을 행복하게 하는 것이 아님을. 비록 현실이 부족할지라도 기억 속에 담겨 있는 것이 따뜻하면 현실의 복잡함도 능히 이길 수 있다는 것을.

젊은 날엔 젊은 피가 돌아 아름다웠고 이제 그 추억으로 가슴 따뜻하다. 복잡한 삶이지만 추억의 노래가 있어 젊은 것 같고 젊은 것 같기에 희망을 붙잡고 살아간다.

음유시인이 불렀던 노래 속에는 자유가 들어 있고, 가요 속에는 우리네 인생이 담겨있다. 봄날 옷자락에 파란 물이 들도록, 여름밤 모기에게 온몸을 내어주며 부르던 나의 노래 속에는 달빛 쏟아지는 강이 있다.

오래된 정물

그 해 여름. 하늘은 불타고 있었다. 지상의 생물은 펄펄 끓는 개장국 속의 건더기처럼 몸부림 치고 있었다. 혀끝을 마비시킬 만큼 달콤한 미백 복숭아는 속살이 붙기도 전 익어버렸고, 수분이 빠진 옥수수 잎은 저 홀로 말아 올리고 있었다. 두 물 밖에 따지 못한 고추는 탄저병에 걸려 수확을 멈췄고, 매미는 악을 쓰며 울어댔다. 우물도 마찬가지였다. 돌지 않는 물줄기를 쥐어짜내고 있었다. 급기야 늦은 밤에는 물을 사용하지 말자고 약속했지만 지켜지지 않았다. 그래도 생명이 달린 일이니 누구 하나 탓하는 이도 없었다.

수십 년 살아오면서 이런 가뭄을 처음 겪는다는 사람들은 일손을 놓았다. 할 수 있는 일이라고는 기우제를 지내는 일밖에 없었다. 달도 열기를 머금은 밤. 사람들은 연기군 동면 스물두강다리 아래로 몰려들었다. 훤히 드러난 모래사장에는 횃불이 타고 있었다. 횃불에 반짝이는 강물을 본 사람들은 물로 뛰어들었다. 입담 좋은 찬이 아저씨는 발가락으로 말조개를 잡아올리며 겅중거렸고, 승찬이 삼촌은 모래무지처럼 물속에 납작 엎드려 물장구를 쳤다. 자연 앞에 두 손 들고 착하고 순박하게 사는 사람들이었다. 아이는 어른의 그늘에서 자라는가. 어른들이 웃음을 띠자 떼거리가 되어 모래사장을 뒤흔들었다.

바지 저고리로 갖춰 입은 마을 이장은 적당한 시각에 어른들을 모아놓고 기우제를 지냈다. 양조장에서 가져온 막걸리를 강물에 뿌리며, "하늘님이시여 무지한 백성들에게 비를 내려주소서. 농사 풍년 되어 무지렁이들 목숨 연명하게 하소서." 라고 선창을 했다.

그 소리에 맞춰 아주머니들은 키에 모래를 담아 흔들고, 아저씨들은 물동이를 두드리며 구령을 따라했다. 그 소리는 어둠을 뚫고 하늘님이 계시는 하늘로 높이높이 올라가는 것 같았다. 웃음을 머금고 시작한 구령은 점점 힘이 들어가 웅장한 합창이 되었다. 노인도 아이도 강아지도 소리를 모았다. 한참을 이어가던 합창은 누군가의 흐느낌으로 변했고 흐느낌은 울음으로 변했다. 위로는 공감대를 형성하는가. 울지 말라고 등을 두드리던 사람들도 따라 울었다.

기우제의 염원은 이미 비가 아니었다. 자기 슬픔이 밀려오며 또 다른 울음을 토해내게 했다. 지긋지긋한 가난이, 현실의 고통이, 농부의 초라한 삶이 억울하고 원통했던 것이다. 발버둥쳐도 올라갈 수 없는 미루나무 꼭대기처럼 까마득한 삶의 꼭짓점을 알기에 덜컥 겁이 났던 것이다.

나는 하늘이 따라 울기를 기도했다. 펑펑 쏟아 낸 눈물로 저들의 메마른 가슴을 적셔달라고 빌었지만, 기우제가 끝나가도록 하늘은 울지 않았고, 빽 없고 힘없는 사람들은 달과 함께 집으로 가고 있었다.

이튿날 날이 밝자마자 우물로 나갔다. 까치발을 뜨면 보였던 맑은 물이 고개를 숙여도 보이지 않았다. 그래도 속상하지 않았다. 곧 비가 올 것이란 믿음이 있었다. 기우제의 신통력이었다. 음력 칠월이 다가오고 있었다.

나는 우물이 언제부터 있었는지 알지 못한다. 공주에서 연기군으로 이사 오던 여덟 살에도 우물은 있었다. 디귿자형 기와집에 이삿짐을 부리던 날, 어른들은 내게 관심이 없었다. 나무 대문을 열고 바깥마당으로 나가니 마당 끝에 향나무 두 그루가 서 있었다. 향나무 아래엔 커다란 우물이 있었다.

우물은 50여 호 마을 사람들의 식수원이었다. 나는 심심하면 우물가에서 놀았다. 그곳에서는 아침, 점심, 저녁 색다른 수채화가 그려졌다. 같은 반 남자아이는 학교가 파하면 물을 길어갔다. 나처럼 키가 작았다. 커다란 물통에 가득 담긴 물을 지고 가면 물이 출렁거려 엉덩이를 적셨다. 이내 바짓가랑이를 적시고 검정고무신 속으로 들어갔다. 발을 옮길 때마다 들려오는 마찰음은 그 아이의 심장소리 같았다. 땅에 닿을 듯 말 듯 끌려가던 물지게가 사라진 길에는 남자아이의 거친 숨소리와 물 젖은 흙자국이 군데군데 깔려있었다.

사춘기 시절을 보내며 나는 내게도 우물처럼 바깥과 구별되는 내면이 있다는 것을 알았다. 우물의 깊이가 얼마나 되는지 알 수 없었지만 상상 속의 깊이는 지구의 맨 밑바닥과 연결되었을 것이란 생각이 들었다. 그곳을 향해 소리를 치면 내가 지른 소리와 전혀 다른 소리가 되어 돌아왔다. 내 내면의 소리도 늘 그랬다. 나와 상관없는 소리로 가득해 나를 힘들게 했다. 내가 소리의 정체를 찾으려고 귀를 기울이면 소리는 꼬리를 감추고 나타나지 않았다.

마을 사람들은 우물을 신성시했다. 우물 주변을 항상 깨끗이 하고 우물가에선 싸움도 하지 않았다. 일 년에 한 번 청소를 하고 고사를 지냈다. 음력 7월 7일. 우물 청소를 하는 날은 마을 잔칫날이었다. 푼푼이 모아 놓은 기금으로 돼지를 잡아 도리를 했다. 돼지가 제물로 바쳐지는 장소는 언제고 우물가였다. 아이들은 향나무에 앉아 발을 흔들며 그 광경을 바라보았다. 돼지 잡는 풍경은 놀이보다 훨씬 재미 있고 볼 만했다. 시커멓고 커다란 돼지는 아저씨들의 빠른 손놀림에 의해 삽시간에 해체되었다. 빨간 속살이 이리저리 갈라지는 모습이 무섭고 불쌍했지만, 돼지도 불알이 있다는 것을, 여자처럼 젖꼭지가 있다는 사실을 그때 알았다. 거무튀튀한 돼지 불알을 흔들며 짓궂게 던지는 아저씨들의 농담을 들으며 빠듯한 삶에도 여유가 있음을 알게 되었다. 여러 부위로 분리된 고기는 이집 저집으로 팔려나가고 뼈와 내장, 머리는 가마솥으로 들어갔다.

돼지고기가 익는 동안 우물에선 청소를 했다. 두레박을 여러 개 준비해 7-8명이 돌아가며 물을 퍼내는 일은 두어 시간 계속되었다. 그사이 막걸리와 강낭콩빵과 걸쭉한 음담패설이 간식으로 나왔다. 품어진 우물물이 미나리꽝으로 흘러가고, 내로 모여, 강으로 가고, 다시 우물로 돌아오는 반복의 질서가 이어지며 생명들은 살아가고 있었다.

생명은 갈증이 일 때 물을 마신다. 사는 일이 팍팍해 목이 멜 때도 물을 마신다. 물 한 사발 벌컥벌컥 들이켜고 나면 막혔던 응어리가 쑥 내려가 또다시 살아야겠다는 소망이 생긴다. 그러나 회오리 같은 바람이 일어 손댈 곳 없이 마음에 구멍이 났을 때는 따뜻한 물 한 그릇도 위로가 되지 못한다. 마셔도 마셔도 헛헛한 마음자락엔 물이 고이지 않는다. 마음에는 본래 수천 개의 물줄기가 있어 어느 방향으로 흘러갔는지 알 수 없기 때문이다.

나의 정서를 키워준 곳은 어린 시절 살았던 기와집이다. 그곳에서 잠을 자고 공부를 하며 사람들과 부대끼며 공동체의 삶을 배웠다. 곱게 다져진 안마당, 나무대문, 장미, 감나무, 누렁이 어느 것 하나 내게 의미가 없는 것은 없다. 한데도 그것들을 떠올리면 중심에 우물이 있다.

우물은 단순히 물리적 특성만 있는 것이 아니기 때문이리라. 물이 입으로 들어가 피가 되고 살이 되어 생명을 살릴 때 비로소 생명수가 되었다. 퍼내고 또 퍼내도 어둠 속에서 고요히 고여 또다시 채워진 모습을 흡족이 바라보며 마음을 놓을 때 생명으로 살아났던 것이다.

며칠 전. 결혼 전까지 살았던 마을에 다녀왔다. 내가 살았던 기와집터엔 양옥집이 지어졌고, 우리 집 아래로 옹기종기 모여 살던 집터엔 연립주택이 들어서 있었다. 향나무는 여전히 그 자리에 서 있었고 우물 주변은 흙에 덮여있었다. 간신히 몸통만 드러내고 있는 모습이 캔트지 속의 오래된 정물 같았다. 그나마 다행이었다. 그 안에서 아직도 맑은 물을 끌어올리고 있을 것만 같았다.

똥배도 힘이다

욕먹을 소리 좀 해야겠다. 나는 마른 사람보다 살집이 도톰하고 뼈대 굵은 여성이 좋다. 골반 근육이 튼실해 다리에 힘주고 서 있으면 어떤 비바람에도 꿈쩍하지 않을 것 같은 그 단단함이 부럽다. 평생 뻣뻣한 몸으로 춤 한번 못 추고 살아온 숙맥은 리듬에 맞춰 부드럽게 돌아가는 유연성이 그렇게 부러울 수가 없다. 니트 밖으로 봉긋하게 드러난 두 동산을 타고 내려와 이룬 언덕을 보면 다가가 만져보고 싶은 욕망이 꿈틀거린다. 나도 그런 몸을 갖고 싶었지만 평생 사십육 킬로그램을 넘어보지 못했다.

나는 애초부터 풍만한 유전자를 갖고 태어나지 못했다. 친구들보다 발육이 더뎠다. 친구들이 하나둘 브래지어를 착용할 할 때마다 부러운 시선으로 그들을 보았고 함께 목욕탕에 가는 행사에도 참여하지 못했다. 누군가 내게 일러준 대로 언니의 속옷을 훔쳐 걸고 보름달을 보며 어서 키가 자라고 가슴이 봉긋해지기를 빌었지만 그 바람 역시 이루어지지 않았다. 야식을 먹고 밤마다 다리 위에서 떨어지는 꿈도 수없이 꾸었지만 늘 친구들보다 머리통 하나쯤은 작았다.

지금도 뼈는 가늘고 살집은 넉넉지 못하다. 여럿이 찍은 사진 속의 나는 작고 왜소해 초라하다. 등은 굽고 어깨는 움츠리고 있어 소극적으로 보인다. 이런 몸으로 세상을 사는 일은 조금 버거웠다. 지구력이 부족해 힘든 일 앞에서 주춤거렸고, 비장기능이 약해 많은 음식을 척척 소화해내지 못한다. 게다가 멀미까지 심한 탓에 아름다운 울릉도 한번 다녀오지 못했다. 마라도 뱃전에서 노란 물까지 토해낸 기억은 긴 장마 낙숫물 소리만큼 지루하다.

본의 아니게 작은 외모 때문에 여성스럽다는 말을 자주 듣는다. 여성스럽다는 말 속엔 온순하고 순종적이란 뜻이 있다. 반면 왠지 소극적이고 내숭 잘 떨 것 같다는 뜻도 들어 있다. 대부분 좋은 뜻으로 하는 말이겠지만 나는 후자의 해석으로 그 소리를 들을 때면 기쁘지 않다. 그런 말을 들을 때마다 나도 셔츠 깃 세워 입고 빅 백 메는 것이 소원인 피 끓는 여성이라고 말하고 싶지만 그게 무슨 소용이 있겠는가. 이미 내 가슴과 허벅지 둘레는 훤히 드러나 있는 것을.

처음 예비 시어머님께 인사드리던 날의 풍경은 아직도 인두자국처럼 마음에 남아 있다. 중국집 식탁에 세 사람이 마주앉았다. 음식을 시키려는 애인 얼굴이 붉어졌다. 그때 대각선 식탁 아래서 벌어지는 풍경은 한 편의 전투시였다. 아들의 발을 찍어 누르는 어머님의 행동은 필사적이셨다. 누가 봐도 며느릿감이 마음에 들지 않으니 음식을 시키지 말라는 신호였다.

훗날 덩치 작은 맏며느릿감이 마음에 들지 않으셨다는 어머님의 고백을, 내가 내 아들에게 며느릿감은 뼈도 굵고 덩치 있는 여성이면 좋겠다는 부탁을 하며 다시 떠올렸으니 나보다 덩치가 더 작으셨던 어머님의 삶에 연민이 인다.

요즘 몸무게 50킬로그램을 목표로 살을 찌우고 있다. 살은 빼는 일도 어렵지만 찌우는 일도 쉽지 않다. 평생 먹어온 식습관을 바꾸는 일 또한 어렵다. 평소 잘 먹지 않던 밀가루와 육류는 소화제와 함께 먹는다. 다행인지 허리둘레가 눈에 띄게 굵어졌다. 골고루 살이 찌면 좋으련만 나이 탓인지 똥배가 먼저 나온다. 그래도 좋다. 물컹하게 잡히는 뱃살이 여간 든든하지 않다. 이제 나도 당당해질 것이다. 셔츠 두 장 깃 세워 겹쳐 입고 빅 백을 메고 싶어서가 아니다. 내숭 떨 것 같은 인상을 지우고 싶어서는 더더욱 아니다. 대중목욕탕 사우나실에서 나를 못마땅하게 여기는 여성과 맞장 한번 붙고 싶어서다.

동네 목욕탕엔 사우나를 즐기는 옷 벗은 마하들이 많다. 그들의 모습은 한 편의 콩트다. 수건으로 얼굴을 가린 마하, 물바가지를 뒤집어쓴 마하, 몸과 얼굴을 땀복으로 칭칭 동여맨 마하, 아랫도리에 수건 한 장 걸쳐 놓고 늘어지게 잠자는 마하. 나는 그녀들과 인사를 하며 지내는데 그중 유난히 덩치 좋은 여성이 나를 못마땅하게 여긴다. 내가 사우나실에 머무는 일은 극히 드물다. 욕탕물이 더러울 때 10분 정도 몸을 데우는 것이 전부다. 그때 그녀는 일부러 차가운 물을 내 쪽으로 흘려보내고, 커다란 엉덩이를 들이밀어 자리를 빼앗곤 한다. 두 다리를 쩍 벌리고 누워 내 몸을 아래위로 째려보면 가슴이 쿵쾅거린다.

두어 번 맞장을 뜨고 싶었지만 나는 안다, 어떤 방법으로든 내가 이길 수 없다는 것을. 말로 따지기 전에 가슴부터 쿵쾅거릴 것이고 그녀가 한 팔로 나를 내동댕이치면 저만치 나동그라질 것이 뻔하다. 그러니 싸움은 애초에 불가능한 것이다.

그저 그녀의 풍만한 가슴과 허벅지가 부러울 뿐이다. 그녀가 사우나실에 있으면 지은 죄도 없이 귀퉁이에 쪼그리고 앉는다. 몸을 데우는 데 10분이면 되는데, 그녀가 먼저 일어나지 않으면 나도 일어나지 못한다. 내가 먼저 일어나 그녀 앞을 지나가면 뜨거운 물을 뒤집어씌울 것 같은 두려움 때문에 데어 죽을 것 같아도 먼저 일어나 그녀 앞을 지나갈 수 없다.

약자의 비굴함이라니. 거미줄에 걸려든 말잠자리 신세다. 목욕탕 안에서도 이럴진대 세상 밖은 오죽하겠는가.

요즘 불어나는 뱃살을 만지며 나는 대담해지고 있다. '옷 벗은 마하'처럼 침대 위는 아니지만 실오라기 하나 걸치지 않고 탈의실을 어슬렁거리기도 하고 평상 위에 벌렁 눕기도 한다. 나를 밀어낸 엉덩이 큰 여성이 들어와도 겁나지 않는다. 그녀 앞에서 보란듯이 똥배에 더욱 힘을 가한다. 맹꽁이배처럼 불룩해지는 똥배도 나에겐 힘이다. 돼지도 닭도 똥배 있는 놈 가격이 더 비쌀까?.

평상에 누워 뜨거운 물을 그녀 쪽으로 보내는 상상을 한다. 두 다리 쩍 벌리고 앉아 수다도 좀 떨어볼까.

똥배를 쓰다듬으며 ㅎㅎㅎ 음흉한 미소를 짓는다.

참 다행입니다

12월의 끝날을 붙잡고 새날이 왔습니다.

간밤 첫눈 내리듯 기척도 없이 어제와 다르지 않은 해를 띄우고, 바람을 일으킬 뿐 아무런 흔적을 남기지 않았습니다. 퇴근하는 가장 맞이하듯 거실에서 새날을 맞이합니다.

무던히도 애를 태웠던 수많은 사건을 역사 속으로 밀어 넣고, 지치고 힘든 이들의 고단한 삶에 쉼표를 찍어 줍니다.

어젯밤 사람들은 삶에 지친 어깨를 치켜세우기 위해, 인간관계의 회복을 위해, 가족의 안녕을 위해 기도했습니다. 아직 이루어지지 않은 일이지만 마음속에 대목 같은 설렘이 독감처럼 번지고 있습니다. 긴 장마가 끝나고 나면 어김없이 찾아들었던 두꺼비 배 톡톡 건드리면 온몸 부풀리듯이 새로운 꿈에 부풀었습니다. 사람의 마음이 무르고 부드러워 다행입니다. 아무리 힘들고 고단한 삶이어도 새날이 되면 또 무엇인가를 꿈꾸기 때문입니다.

지난해 수첩을 들여다봅니다. 무화과 나뭇잎만 한 삶의 마당에서 참으로 많은 일들이 일어났습니다. 중요한 날에는 동그라미가 쳐져 있습니다. 헬스장 회원권 발급받은 날과 읽고 싶은 책 제목엔 초록별을 그려 놓았습니다. 중요도에 따라 별의 수가 늘어났습니다. 수많은 기호 중에서 왜 별을 그려 놓았을까요. 별을 생각하면 뭔지 모를 힘이 나거든요. 내 힘이 아닌 어떤 다른 힘이 나를 도와 줄 것 같은 기대가 나를 달뜨게 한답니다.

어찌됐든 달마다 모임, 행사가 없는 날이 없습니다. 직장을 나가지 않는다는 명분으로 불려다닌 곳도 있습니다. 가기 싫은 곳도 있었고 공동체에서 밀려나는 일이 두려워 무리한 날도 있었습니다.

바람에 떠밀려 다니다 귀퉁이에 쳐 박힌 피티병 같은 모습입니다. 물을 담아 둘 수도, 공병으로 팔아버릴 수도 없는 처지가 되었습니다.

마음에 진정한 보물 없이 살아왔기 때문입니다. 죽도록 사랑할 대상도, 이루고 싶은 꿈도, 도전할 용기도 없었습니다. 내가 원하지 않아도 세상은 편리하고 흥미롭게 돌아갔습니다. 작은 노력과 작은 돈을 들이고도 내가 원하면 무엇이든 할 수 있는 일이 많았습니다. 식은 커피 홀짝거리듯

피나는 노력 없이도 어느 만큼의 성과로 삶을 즐길 수 있었습니다.

그런 삶은 몸만 바쁘지 튼실한 목재가 되지 못한다는 이치를 몰랐습니다. 여름의 뙤약볕이나 정월 대보름 달빛 속에 감성을 자극하는 권태가 있다는 것을 몰랐습니다. 사막의 햇살이 툇마루에 드리우던 그늘보다 나를 슬프게 한다는 사실을 이즈음 알게 되었습니다.

울컥 신물이 올라옵니다. 분명 나의 삶인데 증명사진처럼 어색합니다.

그중 눈에 띄는 것이 있습니다. 남편과 함께 그리스 산토리니를 여행하는 계획이었습니다. 지중해의 푸른 물, 언덕 위의 하얀 집, 파란 교회당, 그림이 있는 카페, 창에 걸린 꽃을 상상하며 얼마나 가슴 설레었는지 모릅니다. 그러나 지난가을 찾아온 이석증으로 예약을 취소하며 많이 슬펐습니다. 이석증은 연초 계획에 없던 사건이었습니다. 하늘을 날아오르는 연처럼 흔들거리며 바라본 세상은 참으로 위태로웠습니다. 아름다운 소식도 풍요로운 결실도 눈에 들어오지 않았습니다. 가을이 무르익을수록 내 어깨는 자꾸만 작아졌습니다. 나도 모르게 굽어지는 등과 쓸쓸한 어깨로 가족들의 마음을 아프게 했습니다. 힘이 들어 찡그린 얼굴을 무방비 상태로 바라보아야 하는 마음이 얼마나 힘들었겠습니까.

내가 미웠습니다. 마음에 들지 않아 미칠 지경이었습니다. 구십 노모는 늙느라고 그런다며 촉촉한 눈길을 보내셨습니다. 이 또한 지나갈 것이니 정신을 차려야 한다고 하셨습니다. 왜 그리도 눈물이 나며 위로가 되던지요.

인생은 어차피 혼자 걸어야 하는 외로운 존재이고, 맑은 날만 계속되면 온 세상이 사막이 될 거라는 어느 글귀를 붙잡고 다시 일어선 세상은 적당히 마른 곶감처럼 쫀득쫀득합니다.

올해엔 특별한 계획을 세우지 않겠습니다. 그 결과에 대한 기대가 우리를 슬프게 하기 때문입니다. 그 대신 마음자리를 위해 시간을 투자하고 싶습니다. 아직도 마음안에 가득한 미움과 질투, 두려움과 이기심, 불평과 교만의 실체들을 몰아내고 그 안에 감사와 기쁨, 겸손과 관용이 채워졌으면 좋겠습니다. 쉬운 일이 아니란 것을 알고 있습니다. 그냥 어제와 다르지 않게 와준 새날처럼 어제와 다르지 않게 살며 조금만 더 노력을 하겠습니다. 누가 벗어 놓은 신발을 신기 편리하게 바로 놓아주는 일부터 시작하겠습니다. 공동체 화장실에 가득 채워진 휴지통을 비우는 일도 있네요.

창문을 열었습니다. 얼굴에 닿는 바람이 좋습니다. 건성으로 바라본 소나무 위의 잔설이, 답답하게만 느껴졌던 아파트 숲이 듬성듬성 날아가 버린 교회당 뾰족지붕이 오늘

따라 평화롭습니다. 분명 어제의 그것인데 하루 만에 변한 것이라곤 없는데…. 새날이 마술을 부리는가 봅니다. 바람이 붑니다. 소나무 위의 잔설이 화르르 떨어집니다. 가만히 바라보고 있자니. 화르르 화르르 사는 일이 삶이라고. 어떤 것에 묶이지 말고, 어떤 계획에 짓눌리지 말고, 어떤 것을 바라보지 말라고. 내게 용기를 주는 듯합니다.

그러고 보니 내 나이 귀가 순해진다는 이순이군요. 새날이 있어 참 다행입니다.

밤열차는 기다리는 것

해는 자리 탓을 하지 않는다. 바다에서 떠오르고 깊은 산중에도 떠오른다. 우리 마을 양병산에도 뜨고 강가에도 뜬다.

마을에 떠오르는 해는 으레 떠오르는 것으로 여겨지고, 산기슭으로부터 밝아오는 해는 오랜 기다림을 생각하게 한다. 특히 정동진의 해돋이는 색다른 데가 있다.

1990년대 초, 동해를 일주하다 우연히 정동진에서 새벽을 맞이한 적이 있었다. 썰렁한 바다와 침목 계단과 어쩌다 지나가는 기차는 차라리 통증이었다.

그리고 썰렁한 역사에서 아침을 기다리며 보았었다. 첫 입맞춤처럼 짧았던 정동진의 해돋이를….

우정에서 사랑을 알아가던 시절, 입술연지를 바르고 강

으로 나갔다. 고슴도치처럼 턱수염이 귀엽던 친구의 기타 반주에 맞춰 노래를 부르다 묘한 기분에 휩싸였다. 갑자기 내 눈을 마주하지 못하는 친구의 눈을 피해 모래 속의 발가락만 꼼지락거렸다. 괜스레 가슴이 답답했다. 시간은 어색하게 흘러갔고 분위기를 바꿔야겠다는 생각을 하며 고개를 드는 순간 커다란 물체가 얼굴을 스쳤다. 따가운 느낌, 쿵쾅거리는 심장 소리, 발밑으로 흘러내린 갈색 기타.

오랜 시간 가슴속에 키워온 첫 입맞춤은 얼굴에 연지칠만 해놓고 끝이 났다. 그런데도 가슴은 패티코트처럼 출렁거렸다. 법을 어긴 반칙이었다.

당시 나는 소설 속의 연인이었다. 얼굴을 부여잡고 입술로 새로운 지도를 그리고 싶었다. 한밤중 추녀 밑에 손을 넣어 참새 알을 끄집어 낸 감각으로 촉각의 순례여행을 하고 싶었다. 거울 앞에서 입술을 요리조리 모아보고, 눈을 지그시 감으며 묘한 웃음을 지어 보았었는데….

성장은 걸음마처럼 서툴고 성숙은 한걸음씩이었다.

정동진 해돋이 역시 회색빛 구름 속에서 조금씩 몸을 드러냈다. 내가 입을 맞추기 위해 오랜 시간을 별러온 것처럼 해는 천천히 솟아올랐다. 먹구름을 헤치고 겨우 붉은 빛이 시야에 들어와 감격하는 사이, 대책 없이 달려드는 하루살이처럼 머리 위로 올라와 있었다.

그런데 그 순간 왜 까마득히 잊고 있던 첫 입맞춤의 통증이 느껴졌는지 모른다. 아랫배로부터 밀려오는 아릿함은 천천히 머리로 올라오며 미열을 일으켰다. 모든 세포에 소름이 돋았고 맥박은 빨리 뛰고 있었다. 뒤이어 알 수 없는 나른하고 아늑한 평온이 흥건히 젖어들었다. 아무도 모르는 통증이었지만 구체적이고 분명한 통증이었다.

이제 정동진은 어느 순간 달려가고 싶은 곳으로 가슴에 자리를 잡았다. 신열의 미세함을 살 끝에 느끼기 위해, 밤 열차는 기다리는 것이다.

시계를 차는 남자

시계는 멈추지 않는다. 다만 쉬고 있을 뿐이다. 방전된 건전지를 교체하면 초침소리를 내며 정확한 시간을 알려준다.

남편이 35년 공직생활을 하며 남긴 것은 그리 많지 않다. 몇 벌의 양복과 넥타이. 서너 개의 가방과 지갑. 벨트와 구두는 묵은 세월을 말해주듯 버릴 것이 많았다. 값으로 따질 수 없는 상장과 패, 귀중한 자료와 책은 정리하는데 이틀이 걸렸다. 35년 압축된 삶의 부피가 참 가볍다는 생각이 들었다.

그중에서도 내가 소중하게 다룬 것은 오십여 개의 시계들이다. 메탈 결혼시계, 봉황이 그려진 대통령시계, 각종 부상으로 받은 전자시계, 회사 로고가 찍힌 사은품 시계는 빛깔과 모양은 다르지만 한 남자의 역사를 말해주었다. 이제 초침이 떨어지고 가죽과 칠이 벗겨져 재개발구역처럼 초라하지만 시계는 제 일을 다했으니 부끄럽지 않을 것이다.

내가 조강지처라고 대충대충 살아올 때 시계는 초를 다투며 그에게 헌신했다. 덜 깬 눈을 부비며 남편을 배웅한 뒤 펑퍼짐한 모습으로 시간을 보낼 때 시계는 일과를 점검하며 남편의 발을 재촉했을 것이다. 나는 그와 동행할 수 없는 곳이 많았지만 시계는 늘 따라다녔다. 회의석상에도 승진 시험장에도 요정에도 함께했으니 조강지처보다 더한 대우를 받는 것은 당연하다.

부드러운 천으로 저마다 사연이 있는 시계를 정성들여 닦았다. 지금은 멈춰있지만 예물시계를 고를 때 우리는 꿈에 부풀어 있었다. 가진 것 없는 가난한 연인은 사랑함으로 두려울 것도 무서울 것도 없었다. 서로 의지하고 사랑하면 어떤 어려움도 극복할 수 있을 것 같았고 열심히 노력하면 좋은 날도 있을 것 같았다. 미래를 꿈꾸는 가난한 연인은 그래서 행복했다.

남편은 평생 손목에서 시계를 풀지 않았다. 핸드폰이 나와 시계가 필요 없을 때도 무더운 여름 온몸에 땀이 흘러도 시계를 찼다. 그러는 그가 시대적으로 뒤떨어지는 것 같아 답답해 보였지만 지금 생각해 보면 남편은 시계를 참으로

써 심리적인 안정을 얻으려 했던 것 같다. 세상살이가 어려워 주저앉고 싶을 때 쉬지 않고 흘러가는 시계를 보며 미래에 대한 불안한 마음을 다잡았던 것은 아니었을까 하는 생각이 든다.

유난히 애착이 가는 시계가 있다. 남편은 지방에 근무한다는 이유로 승진에서 2년 연속 밀렸다. 상대보다 높은 점수, 평점이었기에 남편의 실망은 컸다. 승진 발표가 있던 날 집에 돌아와 여느 때처럼 발을 씻었다. 문지방에 걸터앉아 물기를 닦던 남편의 등이 흔들렸다. 자존심 하나로 버텨온 인생이었다. 일에서는 누구에게도 지지 않는 능력 있는 직장인이었다. 그런 사내가 울고 있었던 것이다.

나는 아무런 행동을 취하지 못했다. 그가 벗어 놓은 양말을 세탁기에 넣고 풀어 놓은 시계를 책상 위에 올려놓다 오열했다. 얼마나 많은 시간을 사용했는지 시곗줄 구멍이 까맣게 파여 있었다. 고리가 드나들며 수없이 부딪히며 낸 상처가 그의 마음 같았다.

나는 등 뒤에서 남편의 머리를 가슴에 안았다. 가슴에서 산 같은 것이 무너져 내리는 소리가 들렸다. 그때 남편이 차고 다녔던 시계를 나는 재산 목록 2호로 정했다.

남편은 용띠 고집이 있고 잡기에 능하지 않다. 술과 친구, 산과 책을 좋아하는 남자다. 게다가 한 가지밖에 모른다. 정원에 물 좀 주라고 부탁하면 매일 준다. 비가 와도

주고 해가 떠도 준다. 2만 원 정도 나오던 물세가 5만 원이 나와서 적당히 주라고 하면 내가 외출했을 때 얼른 주는 남자다. 그러니 젊은 땐 부부싸움도 많이 했다. 하지만 그가 시계를 차는 순간 미운 마음은 사라지고 묘한 매력을 느꼈다.

샤워를 끝내고 얼굴에 스킨 바르고, 셔츠 입고, 넥타이 매고, 양말 신고, 양복 걸치며 미소 지을 땐 그저 그렇지만. 시계를 차고 양복주머니 툭툭 쳐 내리며 등을 보이는 남자를 나는 사랑하지 않을 수 없었다.

대통령시계는 묵직하다. 쓰레기통에 버려졌던 것들을 내가 수거해 지금까지 보관해 왔다.

남편은 공직생활을 하며 역사의 귀퉁이에서 많은 일을 겪었다. 직업상 국가가 어려움에 처할 때마다 최일선에 있었다. 대통령을 측근에서 모셔야 할 때도 있었다. 며칠씩 밤새워가며 행사를 마치면 대통령 시계를 선물로 받았다. 하지만 믿음이 실망으로 돌아오는 것이 우리의 현실이기도 하다. 어느 날 남편은 두 개의 시계를 쓰레기통에 버렸다. 충성했던 만큼 실망한 남자의 표현이었다.

회사 로고가 찍힌 시계는 남편의 폭 넓은 대인관계를 말해준다. 남편은 인복이 많은 사람이다. 그의 주변에는 늘 사람들로 북적인다. 덕분에 우리 집 냉장고는 항상 비상사태이고 집안은 수시로 정리정돈을 해 둔다. 그래야 갑자기 찾아오는 손님들이 밉지 않기 때문이다.

요즘도 남편의 일정관리를 돕는 것은 시계다. 내가 하는 일은 구멍이 까맣게 변색된 시곗줄을 보며 남자의 인생을 보는 것이다. 집에 돌아오자마자 시계를 풀어 책상 위에 던져버리면 뭔가 답답하다는 표시고, 고이 올려놓으면 만족한 하루였다는 신호다.

일생 한 사내와 함께한 시계는 오늘도 쉬지 않는다. 인생 2막을 시작한 그는 오늘도 시계를 차고 좁은 사무실로 향한다.

감은 눈

우연이었다. 오딜롱 르동의 〈감은 눈〉 그림을 만난 것은 공중목욕탕 화장실에 걸려 있는 달력에서였다.

화폭의 전면에 드리운 수평선 위로 눈을 감은 여인이 고개를 비스듬히 기울이고 있었다. 수면 위로 떠오르는 얼굴은 보랏빛이 반사되어 은은한 분위기를 자아냈고 모든 색채는 채도가 낮아 더욱 침체된 분위기였다.

19세기 화가들은 다가올 미래가 당시의 소용돌이보다 더 복잡한 세상이 오리란 것을 예감이라도 했던 걸까? 물감을 통해 20세기의 사람들에게 메시지를 전했다. 눈을 감으라고.

20세기 초 사회는 자본주의에서 제국주의로 치달으며 정신적 혼돈을 겪었다. 세계 2차대전으로 인한 살육과, 환경

파괴, 획일화된 산업화의 물결을 눈뜨고 받아들이는 일은 용기가 필요했을 것이다. 르동 역시 귀로 듣고 눈으로 보아야 하는 아픔을 눈을 감고 침묵함으로 참아낼 수 있었던 것일까. 우연히 그림을 보게 된 나는 화가처럼 눈을 감을 수 있음도 용기라는 사실을 알게 되었다.

나라가 경제위기를 겪은 후 우리 사회는 눈을 크게 뜨고 살아간다. 미세한 것까지 감지하려 더듬이까지 동원했다. 정치, 경제, 교육, 단체, 개인 모두 더, 더, 더 많은 것을 요구한다.

시끄럽다, 세상이. 기업체든 농민이든 서민이든 손해 보는 것 같아 억울해 한다. 누군가에게 실컷 욕을 하고 싶고, 누가 건드리기만 하면 성난 수탉처럼 달려들 기세다. 그 어느 때보다 다단계판매와 사이비 종교가 성황을 이루고, 하루에도 수많은 식당이 문을 열었다 닫는다.

여기에 적응하지 못하고 사는 나는 오늘도 실눈을 뜨고 세상을 바라본다. 이재에 밝지 못하니 모르는 척 비겁하게 살아가는 것이다.

〈감은 눈〉 은 이따금 세상에 대해 눈을 감고 상상의 꿈을 꾸라고 한다. 눈을 감으면 보이지는 않지만 번뜩이는 혜안을 볼 수 있다고 한다.

눈을 감고 싶은 이유는 또 있다. 남편과 몇 십 년 살다 보니 몸에 점이 몇 개 있는지, 책장은 어떻게 넘기고,

양말은 어느 쪽부터 벗는지, 이 사이에 낀 음식물은 몇 번째 손가락으로 빼내는지 훤히 알게 되었다. 그러니 뭐가 사랑스럽겠는가. 우리 부부 역시 바라보는 것 자체만으로 행복했던 시절이 있었다. 신혼 시절 남편은 나의 모든 것을 사랑했다. 작은 코는 귀엽고 차가운 성격은 매력적이라고 말했다. 나 역시 남편의 격하지 않은 부드러운 성격과 책을 좋아하는 것이 좋았다. 그는 눈만 마주치면 시간과 장소에 구애받지 않고 나는 쓰러트렸다. 밥을 먹다가도 책을 읽다가도 그저 좋았다. 눈을 크게 떠도 좋은 점만 보였다. 그랬었는데 세월이 흐르니 이전에 좋았던 모습이 반대의 현상으로 보이니 어쩌란 말인가.

19세기 화가가 눈을 감아야 한다고 했으면 그만한 이유가 있을 것이다. 사람은 할 말 다하고 원하는 것 다 얻고 살 수 없으니 차라리 눈을 감으라고 했으리라.

점점 살아가기 어려운 시절이다. 사회는 혼란스럽고, 경제는 미궁 속으로 빠져들고 있다. 이제 마지막 보루인 환경마저 파괴되고 있다. 이럴수록 서로 덮어주고 위로하며 살아가야 하는데 서로 넘어뜨리려 안간힘을 쏟고 있다. 오늘도 국회에서는 끝이 보이지 않는 유치한 싸움을 하고 있다. 청년들이 고시원에서 코피 터지게 자신과의 싸움을 하고 있는 시간에.

눈 감고 침묵하는 데도 한계가 있는데. 언제까지 기다려야 하는 걸까, 우리는.

■ 연보

• 연보

충남 공주 출생

1997. 충북대학교 김홍은 교수 수필창작 사사

1998. <가지치기>로 ≪수필과비평≫ 등단

2003. 오장환문학제 시부문 수상

2003. 수필집 ≪하늘밭 열 평≫ 발간. 수필과비평사
기도일기≪약속≫ 출간. 수필과비평사

2003~2007. YMCA 홍보출판위원

2003~2007. YMCA 청주청년. 기독교역사를 찾아서 연재

2005~2007. 기독타임즈 에덴동산 연재

2007. 수필과비평 충북지부 2대 지부장

2007. 에세이스트 올해의 작품상 <가지치기> 수상

2008~2014. YMCA 감사

2009. <수필과비평> 문학상 수상

2014~2016. YMCA 이사

2015. 수필집 ≪그 돌아갈 수 없는 ≫ 수필과비평사.
충북문예기금 수혜

2015~현재. 필리핀, 미얀마, 베트남 고아들을 위한 후원회
북촌시사 회원
새와나무 동인

현대수필가 100인선 II· 48
김윤재 수필선

세월은 반음씩 내려간다

초판인쇄 | 2019년 5월 15일
초판발행 | 2019년 5월 25일

지은이 | 김 윤 재
펴낸이 | 서 정 환
펴낸곳 | 수필과비평사 · 좋은수필사

주 소 | 서울시 종로구 삼일대로 32길 36.
(익선동 30-6)운현신화타워 305호
전 화 | 02)3675-5635, 063)275-4000
등 록 | 1984년 8월 17일 제28호
홈페이지 | http://www.shinapub.com
e-mail | essay321@hanmail.net

값 8,000원
ISBN 979-11-5933-221-0 (04810)
ISBN 979-11-85796-15-4

이 도서의 국립중앙도서관 출판시도서목록(CIP)은 서지정보유통지원시스템 홈페이지(http://seoji.nl.go.kr)와 국가자료공동목록시스템(http://www.nl.go.kr/kolisnet)에서 이용하실 수 있습니다.(CIP제어번호: CIP2019021602)